Let's
PowerPoint · Word
Excel · Access

국제공인 MOS 자격증 대비 시리즈
파워포인트 마스터 합격 수험서

유광현 지음
Microsoft Office Specialist ————————

MOS 2016
Master 합격기본서
PowerPoint

엠제이씨북스

Let's
MOS 2016
Master 합격기본서
PowerPoint ①

초판1쇄 인쇄 2021년 12월 10일
초판1쇄 발행 2021년 12월 24일
지은이 유광현
감수 조진영
기획 김웅태
표지·내지디자인 서제호, 서진희
제작 조재훈
판매영업 김승규, 권기원

발행처 ㈜아이비김영
펴낸이 김석철
등록번호 제22-3190호
주소 (06728)서울 서초구 서운로 32, 우진빌딩 5층
전화 (대표전화) 1661-7022
팩스 070-4014-0797

ISBN 978-89-6512-146-6 13000
정가 10,000원

잘못된 책은 바꿔드립니다.

Information

● MOS 안내

MOS (Microsoft Office Specialist)란? 마이크로소프트 오피스 프로그램에 대한 자격증으로 높은 수준의 오피스 활용능력이 있음을 증명 할 수 있습니다.

Microsoft
Office Specialist

MOS는 시작부터 종료까지 100% 컴퓨터 상에서 진행되는 CBT(Computer Based Test)로 평가 방식이 정확함은 물론 시험 종료 즉시 시험 결과를 알 수 있습니다.

Microsoft Office Specialist는 Microsoft가 직접 인증함으로 그 공신력과 정확성을 인정 받을 수 있는 국제인증 자격시험입니다.

● MOS 활용

현재 170여 개국, 9,500여 개 시험센터에서 시행되는 국제 자격증은 세계 어디서나 인정 받을 수 있습니다. 미국에서는 이미 MOS 자격증이 보편화 되었고, 국내에서는 취업 자격을 갖추고자 하는 대

직장인	객관적인 인사자료(승진, 인사고과) , 정보능력 개발
대학생	취업대비, 졸업자격 및 학점인정
중.고등학생	대입에 필요한 정보소양능력 자격증 취득
일반인	국제 자격증 취득, 자기개발

학생들과 직장인들의 승진 및 인사고과 자료로 적극 활용 되고 있습니다.

● 2016 Master 자격 기준

버전	자격
2016	Word(Expert), Excel(Expert),Powerpoint(Core)는 필수 취득하고, Access(Core), Outlook(Core)는 선택으로 1 과목을 취득하여 4개의 자격증을 획득하면 Master 자격을 받는다.

● MOS 2016 특징

MOS2013이 한 개의 프로젝트를 해결하는 반면 MOS2016은 소규모 프로젝트 다수를 해결하도록 변경되었습니다.(소규모 프로젝트 5~8개) 시험 시간 50분 동안 여러 가지 프로젝트를 완료해야 합격이 가능합니다. MOS2016은 작업형 평가 방식으로 메뉴 이름을 사용하지 않으며, MOS2013버전보다 Office 기능을 더 폭넓고 깊이 있게 이해해야 합니다. 입사 후 업무에서 바로 사용할 수 있는 실무중심의 문제와 기능들로 구성되어 있습니다.(대학교 수업의 보고서 제작 및 발표에도 바로 활용할 수 있습니다.) 시험 종료 후 바로 시험 결과 확인 및 MOS 자격증 활용이 가능합니다. 성적표에는 취득 점수와 합격여부는 물론,기능별 0~100% 성취도를 확인할 수 있으며, 취약부분을 분석해 심화 학습할 수 있습니다.

Information

● **과목별 평가항목**

W Word 2016 Expert 등급 평가항목

[시험시간 50분 / 합격점수 1000점 중 700점 이상 합격]

Skill Set	시험구성	
문서 관리 및 공유	• 여러 문서 및 템플릿 • 문서 변경 내용 관리	• 관리검토용 문서 준비
고급 문서 디자인	• 고급 서식 적용과 수정	• 고급 스타일 적용
고급 참조 만들기	• 색인 만들기 및 관리 • 양식, 필드 및 편지 병합 작업 관리	• 참조 만들기 및 관리
사용자 지정 WORD 요소 만들기	• 블록, 매크로, 컨텐츠 컨트롤 만들기와 수정 • 국제화 및 접근성을 위한 문서 준비	• 사용자 스타일 및 템플릿 만들기

X Excel 2016 Expert 등급 평가항목

[시험시간 50분 / 합격점수 1000점 중 700점 이상 합격]

Skill Set	시험구성	
통합문서 옵션 설정 관리	• 통합문서 관리통합문서 검토	
사용자 지정 서식 페이지 레이아웃 적용	• 사용자 지정 데이터 서식 적용 • 사용자 통합문서 요소 만들기 및 수정	• 고급 조건부 서식 및 필터링 적용 • 접근성을 위한 통합문서 준비
고급 수식 만들기	• 수식에 함수 적용 • 함수 사용하여 데이터 찾기, 고급 날짜 • 데이터 분석과 경영 정보 분석	• 함수를 사용하여 데이터 찾기 • 수식 검사 • 범의와 개체 정의
고급 차트 피벗 테이블 작성	• 고급 차트 만들기 • 피벗 차트 만들기 및 관리	• 피벗 테이블 만들기 및 관리

P PowerPoint 2016 Core 등급 평가항목

[시험시간 50분 / 합격점수 1000점 중 700점 이상 합격]

Skill Set	시험구성	
프리젠테이션 만들기 프레젠테이션 관리	• 프리젠테이션 만들기 • 슬라이드, 핸드아웃, 노트 수정 • 프리젠테이션 옵션과 보기 변경 • 프리젠테이션 슬라이드쇼 구성 및 표시	• 슬라이드 삽입과 서식 • 슬라이드 정렬 및 그룹화 • 프리젠테이션 인쇄
텍스트, 도형, 이미지 삽입 서식 지정	• 텍스트 삽입 및 서식 지정 • 도형 및 텍스트 박스 삽입 및 서식 지정	• 이미지 삽입 및 서식 지정 • 개체 정렬 및 그룹화
표, 차트, 스마트아트 미디어 삽입	• 표 삽입 및 서식 지정 • 스마트아트 삽입 및 서식 지정	• 차트 삽입 및 서식 지정 • 미디어 삽입 및 서식 지정
전환 및 애니메이션 적용	• 슬라이드 간 전환 적용 • 전환 및 애니메이션 타이밍 설정	• 슬라이드 내용에 애니메이션 효과 주기
여러 프리젠테이션 관리	• 여러 프리젠테이션 내용 병합	• 프리젠테이션 완성하기

A Access 2016 Core 등급 평가항목

[시험시간 50분 / 합격점수 1000점 중 700점 이상 합격]

Skill Set	시험구성	
데이터베이스 작성 데이터베이스 관리	• 데이터베이스 작성 및 수정 • 데이터베이스 탐색 • 데이터베이스 인쇄 및 내보내기	• 관계 및 키 관리 • 데이터베이스 보호 및 유지
테이블 구축	• 테이블 만들기 • 기록 관리	• 테이블 관리 • 필드 만들기 및 수정
쿼리 작성	• 쿼리 작성 • 쿼리내의 계산된 필드 및 그룹 활동	• 쿼리 수정
양식 작성	• 폼 작성 • 폼 양식	• 폼 컨트롤 설정
보고서 작성	• 보고서 만들기 • 보고서 형식	• 보고서 컨트롤 설정

Contents

W X P A

Microsoft Office Specialist

PowerPoint

PART
1

평가항목별
상세 기능 익히기

프레젠테이션 만들기 및 관리

새 프레젠테이션이나 서식 프레젠테이션 파일 등을 이용하여 프레젠테이션을 작성하고 프레젠테이션을 구성하는 슬라이드를 효과적으로 관리하기 위한 다양한 기능을 살펴봅니다. 마스터 기능을 활용하여 슬라이드를 작성, 관리하는 기능을 익히고, 프레젠테이션 내용을 인쇄하는데 필요한 기능을 습득합니다. 작성된 프레젠테이션을 청중에 발표하기에 앞서 슬라이드 쇼에 진행에 필요한 여러 가지 환경 설정 옵션등을 살펴봅니다.

SECTION

1 프레젠테이션 만들기

• PowerPoint •

📍 예 제 파 일
핵심 키워드   새 프레젠테이션, 서식파일, 다른 이름으로 저장

❶ **새 프레젠테이션**: 빈 슬라이드를 선택하여 작성자가 내용을 입력하며, 적용할 서식을 직접 지정하며 프레젠테이션을 만들기 합니다.

❷ **서식파일**: 일정한 주제에 맞게 테마가 적용된 형식 파일을 사용해서 프레젠테이션을 만들기 합니다.

❸ **다른 이름으로 저장**: 작성된 프레젠테이션 파일을 다양한 형식으로 저장합니다.

작업 1 새 프레젠테이션 만들기를 선택하고 제목 개체 틀에 "사업제안서", 부제목 개체 틀에 "전략기획실"을 입력하고 기본값 상태에서 저장합니다.

💡**해결**

1. [파일]–[새로 만들기]–[새 프레젠테이션] 명령을 선택합니다.
2. 슬라이드의 제목개체, 부제목개체 선택 내용을 입력합니다.
3. [파일]–[다른 이름으로 저장] 명령을 선택하고 파일 이름을 입력합니다.
4. [다른 이름으로 저장]대화상자 [저장]선택합니다.

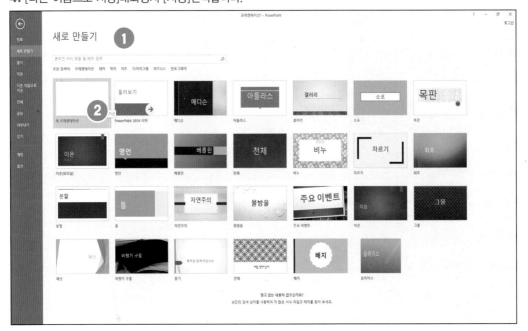

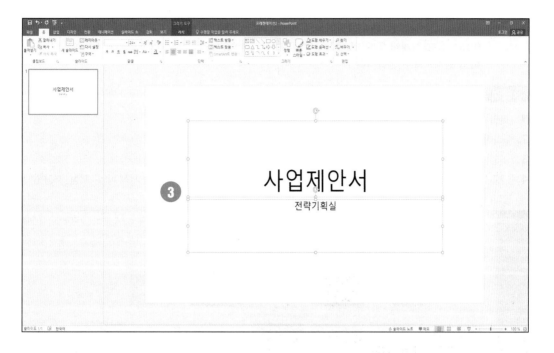

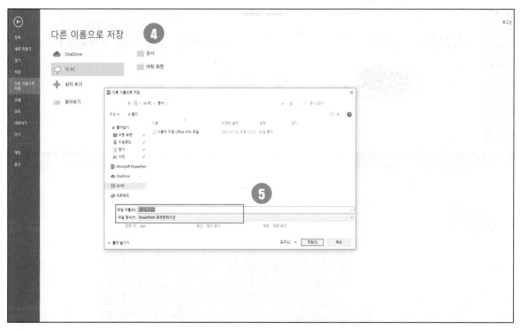

작업 2 "아틀라스" 서식 파일을 이용하여 새 프레젠테이션 만들기를 시작하고 제목 개체 틀에 "도서관 이용 안내", 부제목 개체 틀에 "서울시교육청"의 내용을 입력하고, "도서관이용안내" 파일이름의 서식 파일 형식으로 저장합니다.

해결

1. [파일]-[새로 만들기]-[아틀라스] 서식 파일 선택합니다.

2. 슬라이드 제목 개체, 부제목 개체 선택하고 내용 입력합니다.

3. [파일]-[다른 이름으로 저장] 선택합니다.

4. [다른 이름으로 저장]대화상자 "파일 이름: 도서관이용안내, 파일 형식: Power Point 서식 파일" 지정 [저장]선택 합니다.

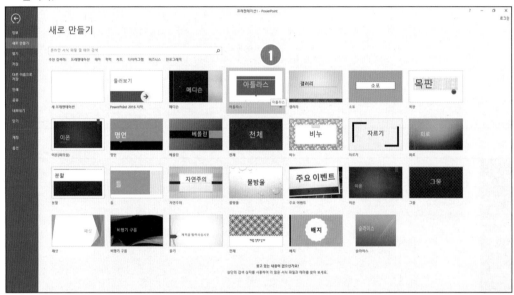

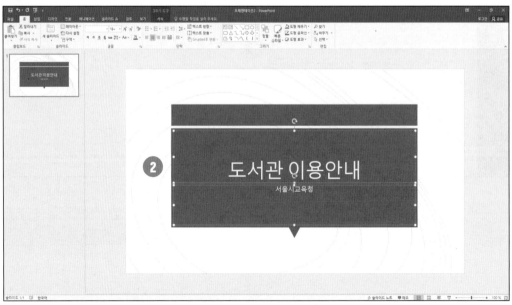

① 서식 파일을 사용하여 새 프레젠테이션 파일을 작성하는 작업 과정을 정확히 학습합니다.

② 작업 중인 프레젠테이션 파일을 "서식 파일, PDF" 형식등으로 변경하여 저장하는 작업 과정을 정확히 학습합니다.

2 슬라이드 관리

📍 예 제 파 일   내일배움카드.pptx, 사진꾸미기.pptx, 장년층모집공고.pptx
핵심 키워드   슬라이드 삽입, 삭제, 이동, 숨기기, 레이아웃 적용, 배경서식, 크기, 슬라이드 개요, 슬라이드
다시 사용

❶ **슬라이드 관리:** 프레젠테이션 파일 작성 중 슬라이드의 삽입, 삭제, 이동, 숨기기, 레이아웃 변경 등의
작업을 합니다.

❷ **슬라이드 서식 지정:** 슬라이드의 크기를 변경하고, 슬라이드에 배경 서식(단색, 패턴, 질감, 그라데이
션)변경 작업을 합니다.

❸ **슬라이드 개요:** MS_WORD로 작성된 문서의 내용을 현재 프레젠테이션 파일로 불러오기 합니다.

❹ **슬라이드 다시 사용:** 다른 프레젠테이션 파일의 슬라이드를 현재 프레젠테이션 파일에서 사용할 수
있도록 작업합니다.

작업 1   "내일배움카드.pptx" 문서 3번 슬라이드의 레이아웃을 "제목만"으로 변경합니다.

해결

1. [슬라이드 목록창] 3번 슬라이드 선택 [홈]–[슬라이드]–[레이아웃]–[제목만]명령 선택합니다.

2. 결과 확인 후 문서 [저장]합니다.

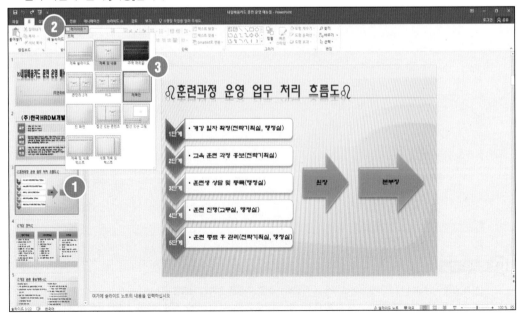

작업 2 "내일배움카드.pptx" 문서 4번 슬라이드 아래쪽에 "콘텐츠 2개" 레이아웃의 새 슬라이드를 삽입합니다.

해결

1. [슬라이드 목록창] 4번 슬라이드 선택 [홈]–[슬라이드]–[새 슬라이드]명령 "콘텐츠 2개" 레이아웃 선택합니다.
2. 결과 확인 후 문서 [저장]합니다.

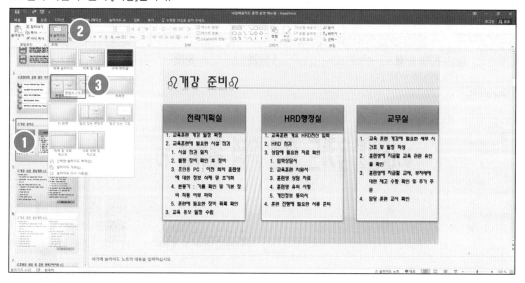

작업 3 "내일배움카드.pptx" 문서 6번 슬라이드의 숨기기를 해제합니다.

해결

1. [슬라이드 목록창] 6번 슬라이드 선택 [마우스 오른쪽 버튼]–[슬라이드 숨기기]명령을 선택합니다.
2. 결과 확인 후 문서 [저장]합니다.
※ 숨기기 적용/해제 여부는 슬라이드 번호 표시 형태를 보고 확인합니다.

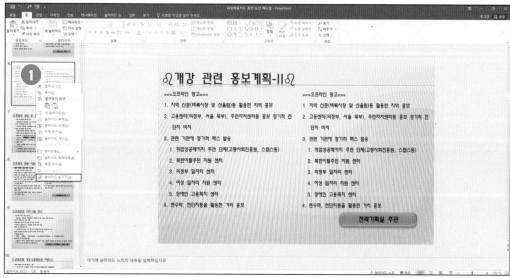

작업 4 "내일배움카드.pptx" 문서 1번 슬라이드 배경 서식으로 "양피지" 질감을 지정합니다.

해결

1. [슬라이드 목록창] 1번 슬라이드 선택 [디자인]–[사용자 지정]–[배경 서식]명령 선택합니다.

2. [배경 서식]작업창 [그림 또는 질감 채우기]선택 "질감: 양피지" 지정합니다.

3. 결과 확인 후 문서 [저장]합니다.

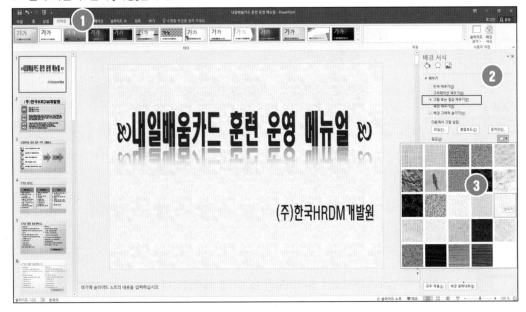

작업 5 "내일배움카드.pptx" 문서 슬라이드 크기를 "화면 슬라이드 쇼(16:10)" 변경 후 콘텐츠를 맞춤 확인 합니다.

해결

1. [디자인]-[사용자 지정]-[슬라이드 크기]-[사용자 지정 슬라이드 크기] 명령 선택합니다.

2. 슬라이드 크기 지정 대화상자에서 [슬라이드 크기] 지정 후 확인 단추를 선택합니다.

3. [콘텐츠 조정]대화상자 [맞춤 확인]선택합니다.

4. 결과 확인 후 문서 [저장]합니다.

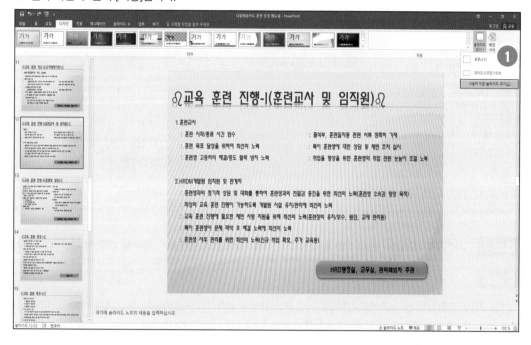

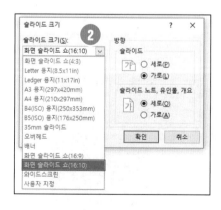

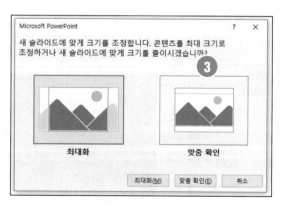

작업 6 "내일배움카드.pptx" 문서 10번 슬라이드를 9번 슬라이드 위로 이동합니다.

해결

1. [슬라이드 목록창] 10번 슬라이드 선택 9번 슬라이드 위쪽으로 드래그 이동합니다.
2. 결과 확인 후 문서 [저장]합니다.

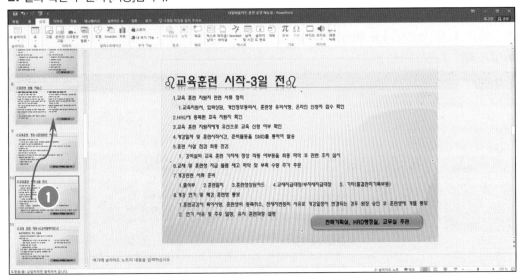

작업 7 "사진꾸미기.pptx" 문서 1번 슬라이드 아래에 "포토샵목차.docx" 문서를 개요형식 삽입합니다.

해결

1. [슬라이드 목록창] 1번 슬라이드 선택 [홈]–[슬라이드]–[새 슬라이드]–[슬라이드 개요]명령 선택합니다.
2. [개요 삽입]대화상자 경로 설정 후 "포토샵목차.docx" 선택 후 [삽입]선택합니다.
3. 결과 확인 후 문서 [저장]합니다.

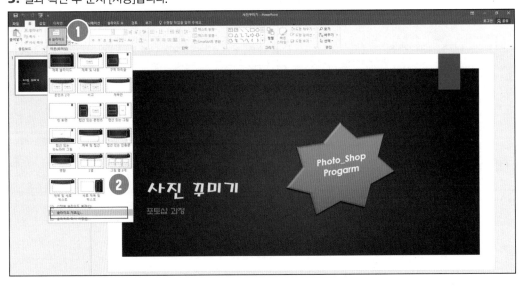

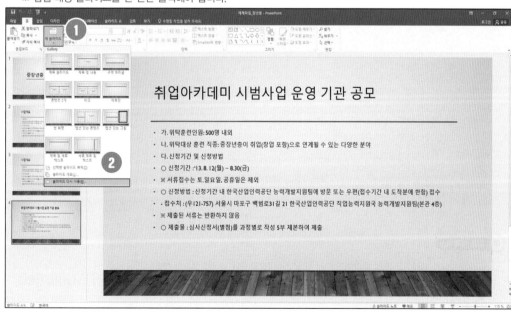

작업 8 "장년층모집공고.pptx" 문서 4번 슬라이드 아래에 "내일배움카드.pptx" 문서 2번 슬라이드를 추가합니다.

해결

1. [슬라이드 목록창] 4번 슬라이드 선택 [홈]–[슬라이드]–[새 슬라이드]–[슬라이드 다시 사용]명령 선택합니다.

2. [슬라이드 다시 사용]작업창 [찾아보기]–[파일 찾아보기] "내일배움카드.pptx" 문서 선택합니다.

3. [슬라이드 다시 사용]작업창 슬라이드 목록에서 "2번 슬라이드"를 한번 클릭합니다.

4. 결과 확인 후 문서 [저장]합니다.

※ 삽입 대상 슬라이드를 한 번만 클릭해야 합니다.

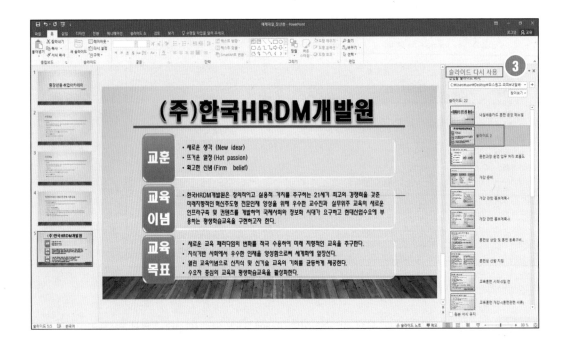

① 슬라이드 삽입, 슬라이드 개요, 슬라이드 다시 사용의 차이점과 작업 과정을 정확히 학습합니다.
② 슬라이드 이동, 슬라이드 숨기기 취소, 슬라이드 레이아웃 변경, 슬라이드 크기 변경, 슬라이드 배경 서식 변경 작업 과정을 정확히 학습합니다.

SECTION

3

프레젠테이션 관리

• PowerPoint •

📍 예 제 파 일   실습예제_1.pptx
핵심 키워드   슬라이드 마스터, 텍스트 개체 틀, 구역관리, 슬라이드 보기, 프레젠테이션 속성

❶ **마스터**: 모든 슬라이드에 동일하게 적용할 글꼴 또는 이미지 등을 슬라이드 마스터에 적용하면 프레젠테이션 파일을 구성하는 모든 슬라이드에 적용됩니다. (슬라이드 마스터, 유인물 마스터, 슬라이드 노트 마스터)

❷ **텍스트 개체 틀**: 슬라이드의 마스터에 머리글, 바닥글, 날짜, 페이지 번호를 입력할 수 개체입니다.

❸ **구역 관리**: 슬라이드를 연관된 몇 개의 그룹으로 나누어 관리합니다.

❹ **슬라이드 보기**: 현재 작업중인 슬라이드의 화면 표시방법을 지정합니다.

❺ **프레젠테이션 속성**: 작업 중인 프레젠테이션 파일 속성을 지정합니다.

작업 1 "실습예제_1.pptx" 문서의 슬라이드 마스터에 "줄기" 테마를 적용하고 "반사" 효과를 적용합니다.

💡**해결**

1. [보기]–[마스터 보기]–[슬라이드 마스터] 명령 선택합니다.

2. "슬라이드 마스터"를 선택 [슬라이드 마스터]–[테마 편집]–[테마]–[줄기] 선택합니다.

3. "슬라이드 마스터"를 선택 [슬라이드 마스터]–[배경]–[효과]–[반사] 선택합니다.

4. [슬라이드 마스터]–[마스터 보기 닫기] 명령 선택합니다.

5. 결과 확인 후 문서 [저장]합니다.

※ 테마 종류 및 이름은 사용자의 오피스 버전 및 설치옵션에 따라 다르게 구성될 수 있습니다.

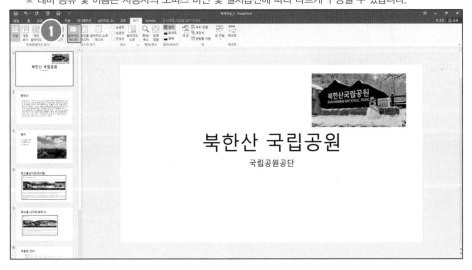

PowerPoint

Word

Excel

Access

작업 2 "실습예제_1.pptx" 문서의 제목 슬라이드 레이아웃의 배경 스타일을 "스타일 7"으로 지정합니다.

해결

1. [보기]–[마스터 보기]–[슬라이드 마스터]명령 선택합니다.

2. "제목 슬라이드 레이아웃" 마스터를 선택 [슬라이드 마스터]–[배경]–[배경 스타일] "스타일 7" 선택합니다.

3. [슬라이드 마스터]–[마스터 보기 닫기] 명령 선택합니다.

4. 결과 확인 후 문서 [저장]합니다.

※ 슬라이드 레이아웃의 이름 변경, 삭제, 개체 틀 삽입, 삭제작업은 마스터 보기에서 작업해야 합니다.

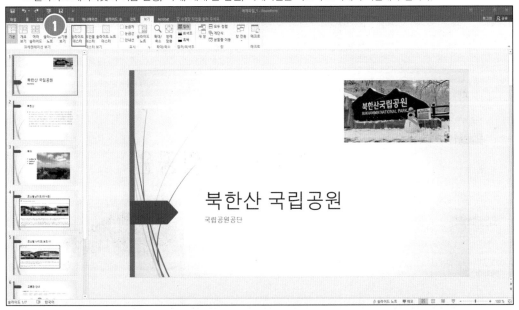

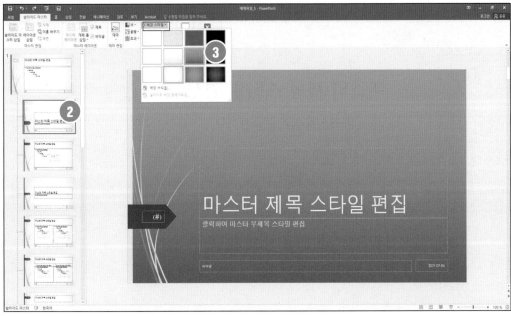

작업 3 "실습예제_1.pptx" 문서의 슬라이드 마스터의 바닥글 개체를 삭제합니다.

해결

1. [보기]-[마스터 보기]-[슬라이드 마스터]명령 선택합니다.

2. 슬라이드 마스터 선택 [슬라이드 마스터]-[마스터 레이아웃]-[마스터 레이아웃]명령 선택합니다.

3. [마스터 레이아웃] 대화상자에서 "바닥글" 개체 틀 선택 해제합니다.

4. [슬라이드 마스터]-[마스터 보기 닫기]명령 선택합니다.

5. 결과 확인 후 문서 [저장]합니다.

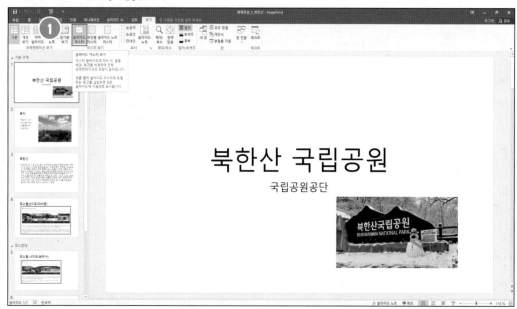

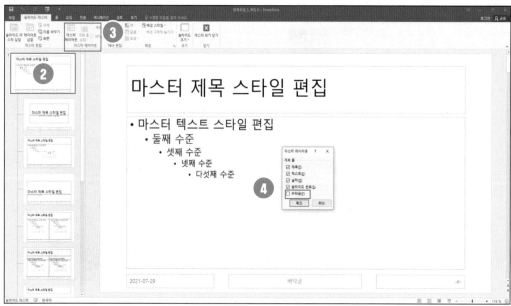

작업 4 "실습예제_1.pptx" 문서의 "빈 화면" 레이아웃 이름을 "표 삽입" 레이아웃 이름으로 변경하고 표 개체를 삽입하고 표 개체 배경 서식에 "신문용지" 질감을 적용합니다.

해결

1. [보기]–[마스터 보기]–[슬라이드 마스터]명령 선택합니다.
2. [레이아웃] 목록창에서 "빈 화면" 레이아웃 선택 [마우스 오른쪽 버튼]–[레이아웃 이름 바꾸기] 선택합니다.
3. [이름 바꾸기]대화상자 "표 삽입" 이름 입력합니다.
4. [슬라이드 마스터]–[마스터 레이아웃]–[개체 틀 삽입]명령 "표 개체" 선택 슬라이드에 적당한 크기로 드래그해서 생성합니다.
5. 삽입된 표 개체 선택 [그리기 도구]–[서식]–[도형 스타일]–[도형 채우기]–[질감]–[신문용지]지정합니다.
6. [슬라이드 마스터]–[마스터 보기 닫기]명령 선택합니다.
7. 결과 확인 후 문서 [저장]합니다.

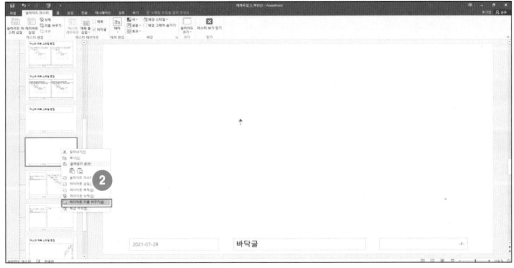

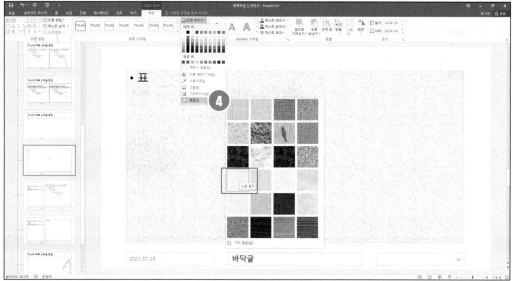

"실습예제_1.pptx" 문서의 슬라이드 노트 마스터의 방향을 세로 방향으로 지정하고, 이미지 개체를 제거합니다.

💡 해결

1. [보기]-[마스터 보기]-[슬라이드 노트 마스터]명령 선택합니다.
2. [슬라이드 노트 마스터]-[페이지 설정]-[슬라이드 노트 방향]-[세로]선택합니다.
3. [슬라이드 노트 마스터]-[개체 틀]-[슬라이드 이미지]선택 해제합니다.
4. [슬라이드 노트 마스터]-[마스터 보기 닫기]명령 선택합니다.
5. 결과 확인 후 문서 [저장]합니다.

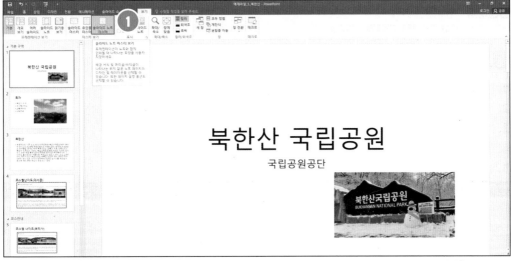

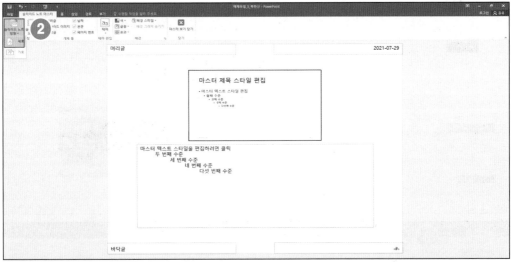

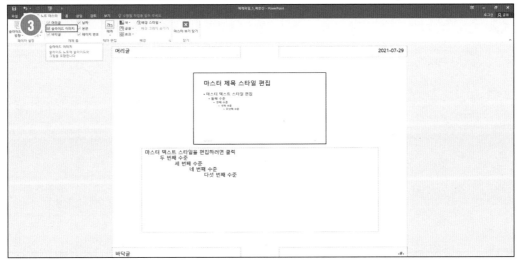

작업 6 "실습예제_1.pptx" 문서의 슬라이드 유인물 마스터에서 한 페이지에 넣을 슬라이드 수를 4개로 지정하고, 바닥글 개체를 삽입합니다.

해결

1. [보기]–[마스터 보기]–[유인물 마스터]명령 선택합니다.

2. [유인물 마스터]–[페이지 설정]–[한 페이지에 넣을 슬라이드 수]명령 "4슬라이드"를 선택합니다.

3. [유인물 마스터]–[개체 틀] "바닥글" 개체를 선택합니다.

4. [유인물 마스터]–[마스터 보기 닫기]명령 선택합니다.

5. 결과 확인 후 문서 [저장]합니다.

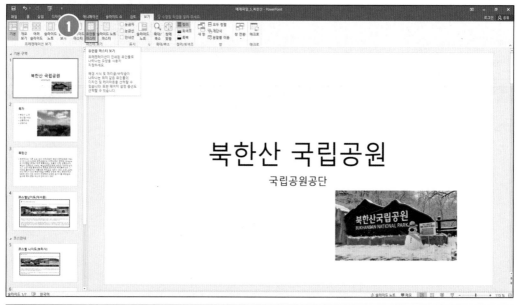

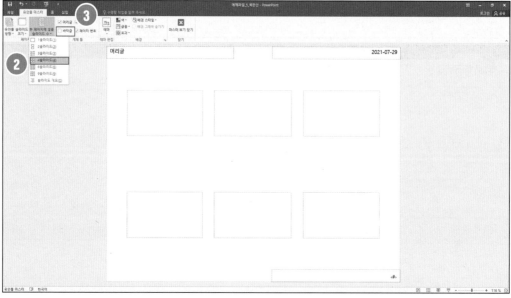

작업 7 "실습예제_1.pptx" 문서의 슬라이드에 날짜와 페이지 번호를 삽입합니다. 날짜는 자동 업데이트 형식으로 지정하고 제목 슬라이드는 적용되지 않도록 합니다.

해결

1. [삽입]–[텍스트]–[머리글/바닥글]명령 선택합니다.
2. [머리글/바닥글]대화상자 [슬라이드]탭 "날짜 자동 업데이트, 페이지 번호, 제목 슬라이드 표시 안 함" 지정합니다.
3. [머리글/바닥글]대화상자 [모두 적용]선택합니다.
4. 결과 확인 후 문서 [저장]합니다.

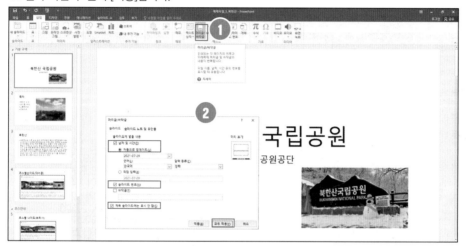

작업 8 유인물에 "북한산 소개" 라는 바닥글을 삽입합니다.

해결

1. [삽입]–[텍스트]–[머리글/바닥글]명령 선택합니다.
2. [머리글/바닥글]대화상자 [슬라이드 노트 및 유인물]탭 "바닥글: 북한산 소개" 지정합니다.
3. [머리글/바닥글]대화상자 [모두 적용]선택합니다.
4. 결과 확인 후 문서 [저장]합니다.

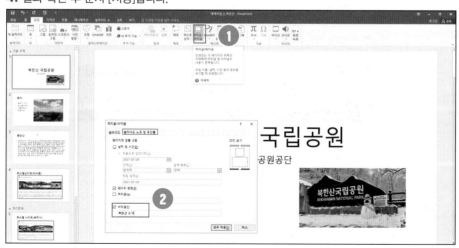

작업 9 "실습예제_1.pptx" 문서의 3번과 4번 사이에 구역을 추가하고 구역이름을 "북한산코스"로 지정합니다.

해결

1. [슬라이드 목록창] 3번 슬라이드와 4번 슬라이드 빈 곳 선택 [마우스 오른쪽 버튼]–[구역 추가]명령 선택합니다.

2. "제목 없는 구역" 구역이름 선택 [마우스 오른쪽 버튼]–[구역 이름 바꾸기]명령 선택합니다.

3. [구역 이름 바꾸기]대화상자 "구역 이름: 북한산코스" 입력 [이름 바꾸기]선택합니다.

4. 결과 확인 후 문서 [저장]합니다.

※ 구역 추가는 [홈]–[슬라이드]–[구역]명령도 동일한 기능입니다.

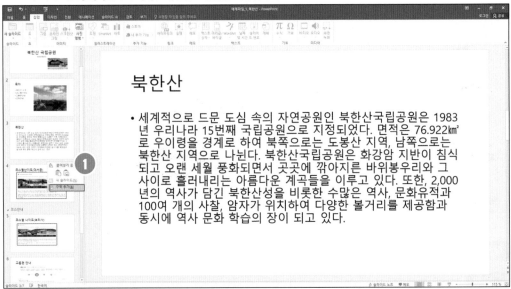

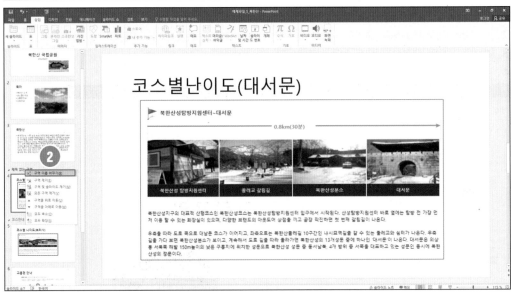

작업 10 "실습예제_1.pptx" 문서의 "코스안내" 구역을 삭제합니다.

해결

1. [슬라이드 목록창] "코스안내" 구역 이름 [마우스 오른쪽 버튼]–[구역제거]명령 선택합니다.
2. 결과 확인 후 문서 [저장]합니다.

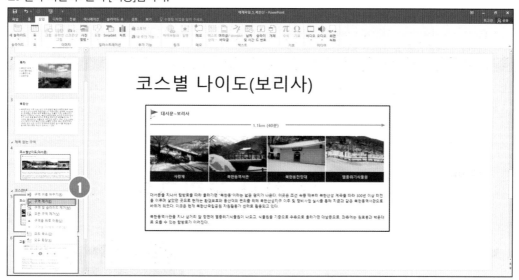

작업 11 "실습예제_1.pptx" 문서의 주제 속성을 "북한산"으로 지정합니다.

해결

1. [파일]–[정보]–[모든 문서 속성 표시]명령 선택합니다.
2. 주제 항목에 "북한산"으로 입력합니다.
3. 결과 확인 후 문서 [저장]합니다.

작업 12 "실습예제_1.pptx" 문서의 1번 슬라이드에 "우리나라 15번째 국립공원"의 노트(설명)를 지정합니다.

해결

1. [슬라이드 목록창] 1번 슬라이드 선택 [보기]-[프레젠테이션 보기]-[슬라이드 노트]명령 선택합니다.

2. [슬라이드 노트]창 "우리나라 15번째 국립공원" 입력합니다.

3. 결과 확인 후 문서 [저장]합니다.

   ※ 슬라이드 보기의 종류는 기본보기, 여러 슬라이드보기, 슬라이드 노트보기, 개요보기등이 있으며, 사용자가 작업에 따라서
   선택하여 슬라이드를 표시할 수 있습니다.

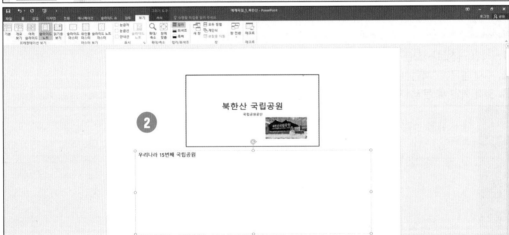

만점합격Tip

① 슬라이드 마스터, 유인물 마스터, 슬라이드 노트 마스터등에서 필요한 개체 틀 삽입, 삭제, 서식지정, 레이아웃 변경 및 삭제 작업
   과정을 정확히 학습합니다.
② 슬라이드 구역 삽입 및 이름변경 작업 과정을 정확히 학습합니다.
③ 문서 속성 지정 작업 과정을 정확히 학습합니다.
④ 슬라이드의 머리글/바닥글 삽입 내용 및 지정 과정을 정확히 학습합니다.
⑤ 슬라이드 노트 보기 상태에서 선택한 슬라이드에 노트 입력 과정을 정확히 학습합니다.

SECTION

4 프레젠테이션 인쇄

• PowerPoint •

⊙ 예 제 파 일 학교소개.pptx
핵심 키워드 프레젠테이션 파일의 인쇄 작업에 필요한 여러 가지 옵션을 설정합니다.

❶ **인쇄 옵션:** 인쇄 범위, 인쇄 방향, 인쇄 매수, 인쇄 방법등 인쇄 작업에 필요한 옵션을 설정합니다.

작업 1 "학교소개.pptx" 문서에 "학교소개" 구역을 인쇄영역으로 설정하고, 유인물 2슬라이드 형식으로 복사본 3부가 인쇄되도록 합니다. 첫 페이지가 모두 인쇄되고 다음 페이지가 인쇄되도록 설정합니다. 이 외의 선택사항은 기본값 상태로 유지합니다.

🔎 **해결**

1. [파일]–[인쇄]명령 선택합니다.
2. [인쇄]–[설정]명령 선택 [인쇄구역] "학교소개"로 지정합니다.
3. [인쇄]–[인쇄모양] "유인물: 2 슬라이드" 지정합니다.
4. [인쇄]–[복사본] "3" 지정합니다.
5. [인쇄]–[인쇄방법] "한 부씩 인쇄안함" 지정합니다.

   ※ 인쇄 옵션 설정 작업 순서는 인쇄 품질과 무관합니다.

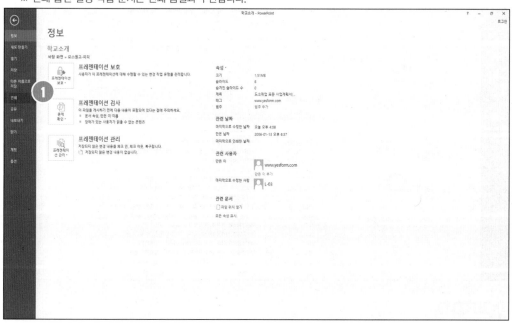

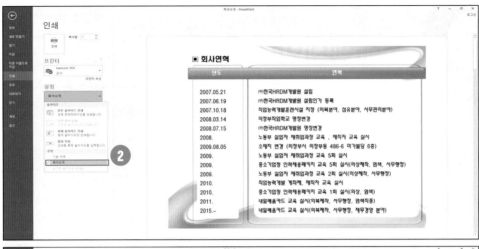

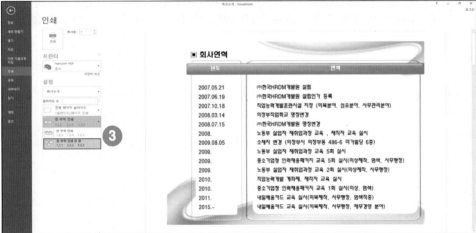

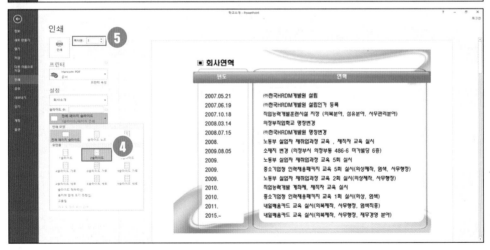

 만점합격 Tip

① 인쇄 옵션별 설정 작업 과정을 정확히 학습합니다.

슬라이드 쇼 설정

📍 예 제 파 일   실습예제_2.pptx
핵심 키워드   슬라이드 쇼 설정, 슬라이드 쇼 재구성, 포인터 옵션, 예행 연습

❶ **슬라이드 쇼 설정**: 슬라이드 쇼 실행에 필요한 보기형식, 보기옵션, 슬라이드 표시, 화면 전환 방식을 지정합니다.

❷ **슬라이드 쇼 재구성**: 현재 프레젠테이션을 구성하는 슬라이드 중 일부분을 포함하는 슬라이드 쇼를 재구성합니다.

❸ **포인터 옵션**: 슬라이드 쇼 중 마우스 포인터를 레이저 포인터, 형광펜, 펜 등으로 사용할 수 있도록 지정합니다.

❹ **예행 연습**: 프레젠테이션을 발표하기 전에 녹음, 시간을 측정하는 작업입니다.

작업 1   "실습예제_2.pptx" 문서의 3, 4, 5, 6번 슬라이드로 구성되는 "전시관소개" 라는 슬라이드 쇼를 재구성합니다. "서화관/기증관" 슬라이드를 맨 처음으로 이동합니다.

💡**해결**

1. [슬라이드 쇼]–[슬라이드 쇼 시작]–[슬라이드 쇼 재구성]–[쇼 재구성]명령 선택합니다.

2. [쇼 재구성]–[새로 만들기]명령 선택합니다.

3. [쇼 재구성 하기]대화상자 "슬라이드 쇼 이름: 전시관소개", 재구성에 필요한 슬라이드(3, 4, 5, 6)를 선택 [추가]선택합니다.

4. "서화관/기증관" 슬라이드 선택 [위로]단추를 이용하여 위치 이동합니다.

5. [쇼 재구성 하기]–[확인]선택합니다.

6. 결과 확인 후 문서 [저장]합니다.

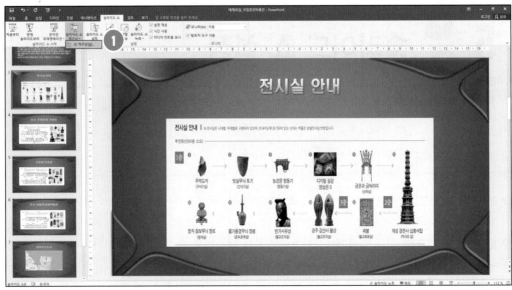

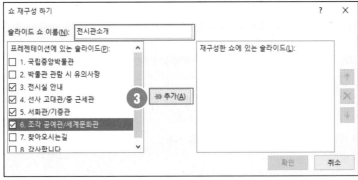

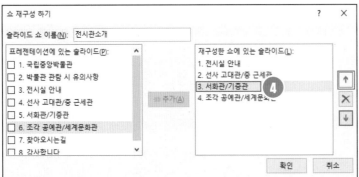

작업 2 "실습예제_2.pptx" 문서의 슬라이드 쇼 설정에서 "애니메이션 없이 보기, 펜 색 파랑, 화면 전환 수동, 재구성한 쇼"의 옵션을 설정합니다. 나머지 선택사항은 기본값으로 유지합니다.

해결

1. [슬라이드 쇼]–[설정]–[슬라이드 쇼 설정]명령 선택합니다.

2. [쇼 설정] 대화상자에서 문제의 지시사항을 지정 [확인]선택합니다.

3. 결과 확인 후 문서 [저장]합니다.

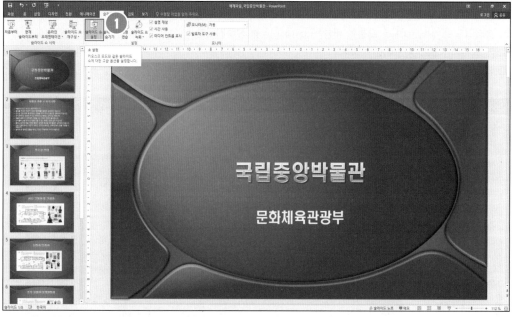

작업 3 "실습예제_2.pptx" 문서의 2번 슬라이드에서 슬라이드 쇼를 시작합니다. 슬라이드 쇼 포인터 옵션을 형광펜으로, 펜 색은 노랑으로 지정합니다. 슬라이드 임의의 텍스트에 형광펜을 적용하고 잉크 주석을 저장합니다.

해결

1. [슬라이드 목록창] 2번 선택 [슬라이드 쇼]–[슬라이드 쇼 시작]–[현재 슬라이드부터]명령 선택합니다.
2. 슬라이드 쇼 상태 [마우스 오른쪽 버튼]–[포인터 옵션]–[형광펜]명령 선택합니다.
3. 슬라이드 쇼 상태 [마우스 오른쪽 버튼]–[포인터 옵션]–[잉크색]–[노랑]명령 선택합니다.
4. 슬라이드 쇼 상태에서 슬라이드 임의 글자 위에서 드래그 형광펜을 적용합니다.
5. 슬라이드 쇼 상태 [마우스 오른쪽 버튼]–[쇼 마침]명령 선택합니다.
6. [잉크 주석]대화상자 [예]선택합니다.
7. 결과 확인 후 문서 [저장]합니다.

   ※ 슬라이드 쇼가 진행되면 기본적으로 마우스를 클릭하면 다음 슬라이드로 이동됩니다.

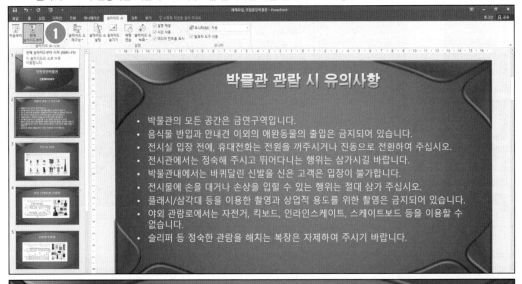

박물관 관람 시 유의사항

- 박물관의 모든 공간은 [...] 역입니다.
- 음식물 반입과 안내[...] 애완동물의 출입은 금지되어 있습니다.
- 전시실 입장 전에, 휴[...] 전원을 꺼주시거나 진동으로 전환하여 주십시오.
- 전시관에서는 정숙하[...] 행위는 삼가시길 바랍니다.
- 박물관내에서는 바퀴[...] [...]입이 불가합니다.
- 전시물에 손을 대거나 손상을 [...]는 행위는 절대 삼가 주십시오.
- 플래시/삼각대 등을 이용한 촬영과 상업적 용도를 위한 촬영은 금지되어 있습니다.
- 야외 관람로에서는 자전거, 킥보드, 인라인스케이트, 스케이트보드 등을 이용할 수 없습니다.
- 슬리퍼 등 정숙한 관람을 해치는 복장은 자제하여 주시기 바랍니다.

박물관 관람 시 유의사항

- 박물관의 모든 공간은 금연구역입니다.
- 음식물 반입과 안내견 이외의 애완동물의 출입은 금지되어 있습니다.
- 전시실 입장 전에, 휴대전화는 전원을 꺼주시[...]가 진동으로 전환하여 주십시오.
- 전시관에서는 정숙해 주시고 뛰어다니는 행위는 삼가시길 바랍니다.
- 박물관내에서는 바퀴달린 신발을 신은 고객은 입장이 불가합니다.
- 전시물에 손을 대거나 손상을 입힐 수 있는 행위는 절대 삼가 주십시오.
- 플래시/삼각대 등을 이용한 촬영과 상업적 용도를 위한 촬영은 금지되어 있습니다.
- 야외 관람로에서는 자전거, 킥보드, 인라인스케이트, 스케이트보드 등을 이용할 수 없습니다.
- 슬리퍼 등 정숙한 관람을 해치는 복장은 자제하여 주시기 바랍니다.

Microsoft PowerPoint

⚠ 잉크 주석을 유지하시겠습니까?

예(K) 아니요(D)

작업 4 "실습예제_2.pptx" 문서에 임의의 시간을 적용하는 슬라이드 쇼 예행연습을 합니다. 적용된 시간을 저장합니다.

해결

1. [슬라이드 쇼]−[예행연습] 명령 선택합니다.

2. 슬라이드 쇼가 진행되는 동안 시간을 확인하며 슬라이드 쇼를 진행합니다.

3. 마지막 슬라이드에서 [시간 저장] 대화상자에서 [예]를 선택합니다.

※ 슬라이드 쇼 적용 시간은 여러 슬라이드 보기상태에서 확인 가능합니다.

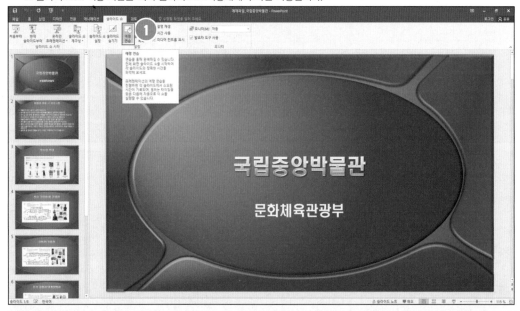

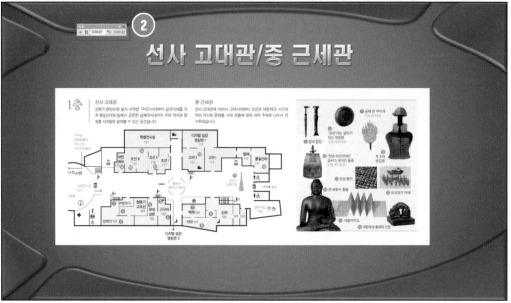

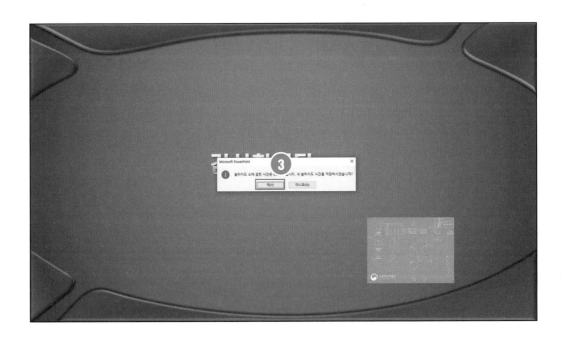

만점 합격 Tip

① 슬라이드 쇼 재구성 작업 과정을 정확히 학습합니다.
② 슬라이드 쇼 설정 작업 과정을 정확히 학습합니다.
③ 슬라이드 쇼 상태에서 포인터 옵션을 변경하는 작업 과정을 정확히 학습합니다.

실전 적응 모의고사 1회

| 예제파일 실전적응모의고사-1회.pptx

작업1 1번 슬라이드 레이아웃을 "제목 및 내용"으로 변경합니다.

작업2 6번 슬라이드를 1번 슬라이드 아래쪽으로 이동합니다.

작업3 슬라이드 마스터의 제목 마스터 개체 틀에 "파랑 박엽지" 질감 효과를 적용합니다.

작업4 2, 3, 4번 슬라이드로 구성되는 "학습용" 이름의 슬라이드 쇼 재구성을 합니다. 4번 슬라이드를 2번째 위치로 이동합니다.

작업5 4번 슬라이드 아래쪽에 섬.pptx의 3번째 슬라이드를 삽입합니다.

작업6 2번 슬라이드와 3번 슬라이드 사이에 "파워포인트시작" 구역을 설정합니다.

작업7 현재 프레젠테이션 파일이 복사본 3부, 가로 방향으로 한 장의 용지에 3장의 슬라이드가 유인물 형식으로 인쇄되도록 합니다. 첫 장이 모두 인쇄되고 다음 장이 인쇄되도록 설정합니다.

작업8 모든 슬라이드에 자동으로 업데이트되는 형식의 날짜 및 시간, 슬라이드 번호를 삽입하고, "Chapter 1" 내용의 바닥글을 설정합니다. 첫 번째 슬라이드는 제외합니다.

작업9 슬라이드 노트 마스터 이미지 개체 틀이 표시되도록 합니다.

작업10 슬라이드 크기를 너비 30.5Cm, 높이 28.5Cm의 사용자 지정 크기로 변경하고 콘텐츠를 맞춤 확인합니다.

작업11 3번 슬라이드에 배경 서식 "패턴 점선 25%, 전경색 연한녹색"을 적용합니다.

작업12 슬라이드 마스터 날짜 개체 틀을 제거합니다.

작업13 문서 속성 주제 항목에 "Chapter 1"로 입력합니다.

작업14 2번 슬라이드 아래에 "모의고사1.docx"을 개요로 삽입합니다.

작업15 6번 슬라이드에 슬라이드 숨기기를 적용합니다.

작업 1

1. 1번 슬라이드 선택 [홈]–[슬라이드]–[레이아웃]–[제목 및 내용]슬라이드를 선택합니다.
2. 결과 확인 후 [저장]합니다.

작업 2

1. [슬라이드 목록창] 6번 슬라이드를 선택하고 드래그로 1번 슬라이드 아래쪽으로 이동합니다.
2. 결과 확인 후 [저장]합니다.

작업 3

1. [보기]–[마스터 보기]–[슬라이드 마스터]명령 선택합니다.
2. [슬라이드 마스터]–[배경]–[배경 스타일]–[배경 서식]명령 선택합니다.
3. [슬라이드 마스터] 제목 개체 틀 선택합니다.
4. [배경 서식]작업창 [채우기]–[그림 또는 질감 채우기]–[질감]–[파랑 박엽지]선택합니다.
5. [슬라이드 마스터]–[마스터 보기 닫기]명령 선택합니다.
6. 결과 확인 후 [저장]합니다.
   ※ 주의사항 : "마스터 제목 스타일 편집" 개체가 정확히 선택한 상태에서 작업합니다.

작업 4

1. [슬라이드 쇼]–[슬라이드 쇼 시작]–[슬라이드 쇼 재구성]–[쇼 재구성]–[새로 만들기]명령 선택합니다.
2. 재구성한 쇼 이름 "학습용"을 지정합니다.
3. 재구성한 쇼에 포함될 2번, 3번, 4번 슬라이드를 선택 [추가]하고, 4번 슬라이드 선택 위치를 이동합니다.
4. 슬라이드 재구성한 쇼 이름 및 슬라이드 순서 확인 후 [닫기]선택합니다.
5. 결과 확인 후 [저장]합니다.

작업 5

1. 4번 슬라이드 선택 [홈]–[슬라이드]–[새 슬라이드]–[슬라이드 다시 사용]명령 선택합니다.
2. 화면 오른쪽 [슬라이드 다시 사용]작업창 [찾아보기]명령 경로를 지정하고 파일을 선택합니다. 섬.pptx를
   구성하는 슬라이드가 표시되면 3번 슬라이드를 선택합니다.
3. 결과 확인 후 [저장]합니다.
   ※ 삽입할 슬라이드를 한 번만 클릭합니다. 반복해서 클릭하면 클릭 횟수만큼 삽입됩니다.

작업 6

1. [슬라이드 목록창] 2번 슬라이드와 3번 슬라이드 사이 클릭 [마우스 오른쪽 버튼]–[구역 추가]명령 선택합
   니다. [구역 이름 바꾸기]대화상자에 구역 이름 "파워포인트시작"을 입력합니다.
2. [구역 이름 바꾸기]대화상자 "구역 이름: 파워포인트시작" 입력 [확인]선택합니다.
3. 결과 확인 후 [저장]합니다.

실전 적용 모의고사 1회 – 작업 과정 해설

작업 7

1. [파일]–[인쇄]명령 선택합니다.

2. 인쇄 옵션에서 복사본 매수: 3, 인쇄방식 "유인물: 3 슬라이드", "용지방향: 가로"로 설정합니다.

3. 인쇄 방식에 "한 부씩 인쇄 안함"을 설정합니다. 미리보기 화면에서 설정된 결과를 확인합니다.

4. 결과 확인 후 [저장]합니다.

작업 8

1. [삽입]–[텍스트]–[머리글/바닥글]명령 선택합니다. [머리글/바닥글]–[슬라이드]탭 날짜 및 시간을 선택하고 "자동으로 업데이트" 선택 확인합니다.

2. "슬라이드 번호, 바닥글" 항목 선택합니다. 바닥글 입력란에 "Chapter 1" 내용 입력합니다.

3. "제목 슬라이드 표시 안 함" 선택하고 [모두 적용]클릭 합니다.

4. 결과 확인 후 [저장]합니다.

작업 9

1. [보기]–[마스터]–[슬라이드 노트 마스터]명령 선택합니다.

2. [슬라이드 노트 마스터]–[개체 틀]–[슬라이드 이미지]선택합니다.

3. [슬라이드 마스터]–[마스터 보기 닫기]선택 합니다.

작업 10

1. [디자인]–[사용자 지정]–[슬라이드 크기]–[사용자 지정 슬라이드 크기]선택 합니다.

2. [슬라이드 크기]–[사용자 지정]선택 후 너비(30.5Cm)와 높이(28.5Cm)입력하고 [확인]선택합니다.

3. 슬라이드 크기 변경에 따른 [콘텐츠]크기 조정 대화상자에서 [맞춤 확인]선택 합니다.

4. 결과 확인 후 [저장]합니다.

작업 11

1. [슬라이드 목록창] 3번 슬라이드 선택 [디자인]–[사용자 지정]–[배경 서식]명령 선택합니다.

2. [배경 서식]작업창 "배경 그래픽 숨기기" 선택 후 패턴 종류 "패턴 점선: 25%", "전경색: 연한 녹색" 선택합니다.

3. 결과 확인 후 [저장]합니다.

작업 12

1. [보기]–[마스터]–[슬라이드 마스터]명령 선택합니다.

2. "마스터 슬라이드" 선택 [슬라이드 마스터]–[마스터 레이아웃]–[마스터 레이아웃]명령 선택합니다.

3. [마스터 레이아웃]개체 틀에서 "날짜" 항목을 선택 해제하고 [마스터 보기 닫기]명령 선택합니다.

작업 13

1. [파일]–[정보]명령 선택합니다.

2. 오른쪽 하단 "모든 속성 표시" 항목을 선택 모든 속성 항목을 표시합니다.

3. [주제]항목에 "Chapter 1" 입력합니다.

작업 14

1. [슬라이드 목록창] 2번 슬라이드 선택 [홈]–[슬라이드]–[새 슬라이드]–[슬라이드 개요]명령 선택합니다.

2. [개요 삽입]대화상자 경로 설정 후 문제해서 지정된 "모의고사1.docx" 열기 선택합니다.

3. 결과 확인 후 문서 [저장]합니다.

작업 15

1. [슬라이드 목록창]에서 6번 슬라이드 선택 [마우스 오른쪽 버튼]–[슬라이드 숨기기]명령 선택합니다.

Power

텍스트, 도형, 이미지 삽입 및 서식 지정

청중에게 정확한 의사 전달을 위해 텍스트, 도형, 이미지 등의 개체를 슬라이드에 삽입하고 적절한 위치에 배치합니다. 삽입된 개체에 서식을 변경하고, 다양한 효과를 적용하여 시각적 효과를 높이는 기능을 살펴보고, 개체를 효율적으로 배치하는데 필요한 크기조정, 개체 간격, 개체 순서등을 변경하는데 필요한 여러 가지 기능을 살펴보고 실습합니다.

• PowerPoint •

텍스트 삽입 및 서식 지정

● 예제 파 일   MOS.pptx
핵심 키워드   텍스트 삽입, 텍스트 효과, 워드 아트 스타일, 단락 지정

❶ **텍스트 삽입**: 텍스트상자, 도형 등의 개체에 텍스트를 삽입합니다.
❷ **텍스트 효과**: 텍스트에 글꼴 크기변경, 글꼴변경, 밑줄, 굵게, 글꼴 색 등의 효과를 지정합니다.
❸ **워드 아트 스타일**: 텍스트에 그림자, 네온, 반사 등 시각적 효과를 적용합니다.
❹ **단락 지정**: 글머리 기호, 글머리 번호, 단락간격, 들여쓰기/내어쓰기, 열 나누기 등을 지정합니다.

작업 1 "MOS.pptx" 문서 1번 슬라이드에 "MOS자격증 소개" 텍스트를 삽입하고, "글꼴 : HY견고딕, 크기
: 20, 효과 : 굵게, 그림자, 글자 간격 : 넓게(7pt), 글자 색 : 흰색 텍스트 1" 서식을 지정합니다.

해결

1. [슬라이드 목록창] 1번 슬라이드 선택 [삽입]-[텍스트]-[가로 텍스트 상자]선택 드래그해서 생성합니다. 생성된
텍스트 상자에 " MOS자격증 소개" 내용을 입력합니다.
2. 내용이 입력된 텍스트 상자 선택 [홈]-[글꼴]그룹에서 문제 지시 사항을 지정합니다.
3. 결과 확인 후 문서 [저장]합니다.

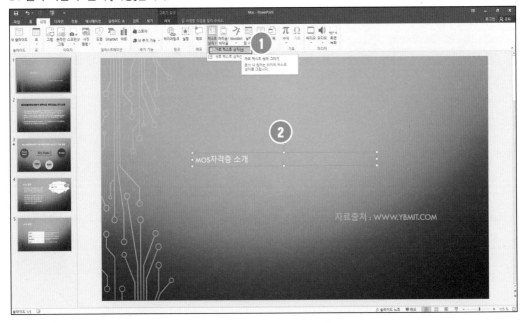

해결

1. 2번 슬라이드 제목 개체 선택 [그리기 도구]-[서식]-[WordArt 스타일]-[텍스트 효과]명령 선택 "반사 : 근접 반사,
터치"를 적용합니다.

2. 2번 슬라이드 제목 개체 선택 [그리기 도구]-[서식]-[WordArt 스타일]-[텍스트 효과]명령 선택 "네온 : 18pt 주황,
강조색 2"를 적용합니다.

3. 결과 확인 후 문서 [저장]합니다.

※ 텍스트를 선택할 때 텍스트 상자를 선택하거나 텍스트 내용을 드래그해서 선택가능 합니다.

※ 텍스트를 선택하면 [그리기 도구]-[도형 스타일]/[WordArt 스타일]그룹 있습니다.

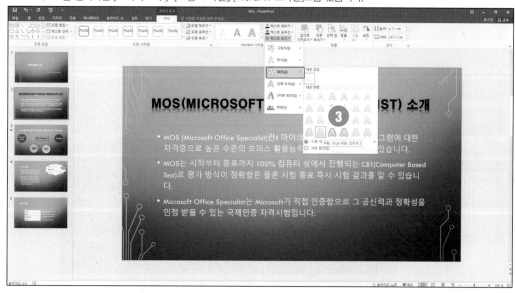

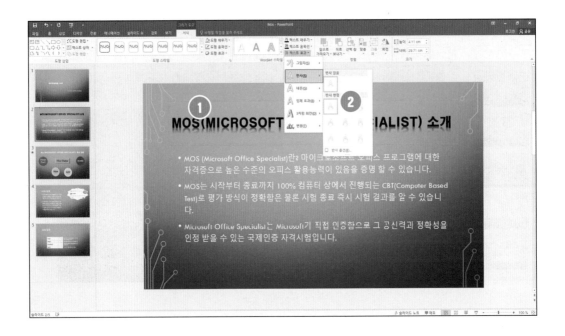

작업 3 "MOS.pptx" 문서 3번 슬라이드 제목에 "채우기-빨강 강조색 3, 선명한 입체" WordArt 스타일을 적용하고 "역삼각형" 변환효과를 지정합니다.

해결

1. 3번 슬라이드 제목 개체 선택 [그리기 도구]-[서식]-[Word Art 스타일] "채우기-빨강 강조색 3, 선명한 입체" 스타일을 적용합니다.
2. 3번 슬라이드 제목 개체 선택 [그리기 도구]-[서식]-[Word Art 스타일]-[텍스트 효과]-[변환]명령 "역삼각형"을 선택합니다.
3. 결과 확인 후 문서 [저장]합니다.

   ※ 오피스 버전이나 서식 파일의 종류에 따라 Word Art 스타일 이름은 다르게 표시될 수 있습니다.

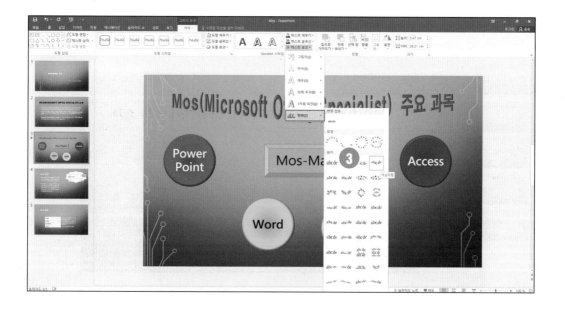

작업 4 "MOS.pptx" 문서 2번 슬라이드 단락의 글머리를 "연한 녹색, 속이 찬 큰 둥근 글머리 기호"로 변경하고, "양쪽 맞춤" 정렬합니다.

해결

1. 2번 슬라이드 텍스트 개체 선택 [홈]–[단락]–[글머리 기호]–[글머리 기호 및 번호 매기기]명령 선택합니다.
2. [글머리 기호 및 번호 매기기]대화상자에서 "속이 찬 큰 둥근 글머리 기호", 색 "연한 녹색"으로 지정 [확인]선택합니다.
3. 2번 슬라이드 텍스트 개체 선택 [홈]–[단락]–[양쪽 맞춤]명령 선택합니다.
4. 결과 확인 후 문서 [저장]합니다.

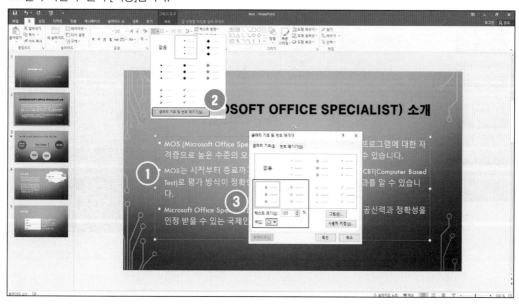

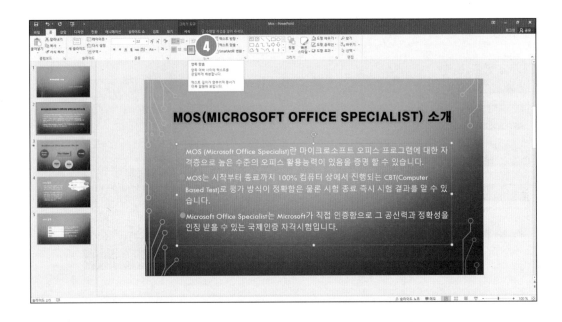

"MOS.pptx" 문서 3번 슬라이드 "MOS-MASTER" 텍스트에 도형 "가운데 정렬 및 가운데 맞춤"을
지정합니다.

💡해결

1. 3번 슬라이드 도형 선택 [홈]−[단락] "가운데 맞춤, 텍스트 맞춤: 중간"을 지정합니다.
2. 결과 확인 후 문서 [저장]합니다.

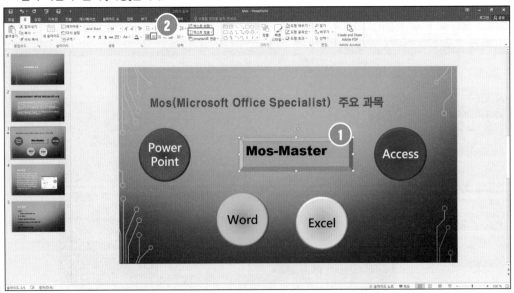

작업 6 "MOS.pptx" 문서 2번 슬라이드 단락을 2개 열로 나누고 간격을 0.5Cm로 지정합니다.

해결

1. 2번 슬라이드 텍스트 개체 선택 [홈]–[단락]–[열 추가 또는 제거]–[기타 단]명령 선택합니다.
2. [열] 대화상자에서 개수, 간격을 지정합니다.
3. 결과 확인 후 문서 [저장]합니다.

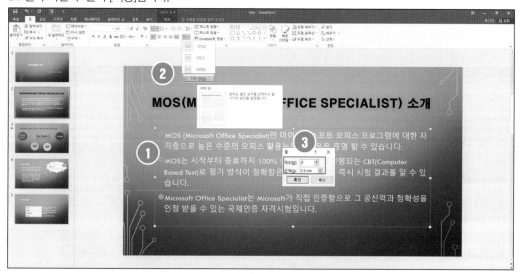

작업 7 "MOS.pptx" 문서 4번 슬라이드의 단락 뒤 간격을 16pt로 지정합니다.

해결

1. 4번 슬라이드 텍스트 개체 선택 [홈]–[단락]–[자세히]명령 선택합니다.
2. [단락]대화상자에서 단락 뒤 간격 16pt로 지정합니다.
3. 결과 확인 후 문서 [저장]합니다.

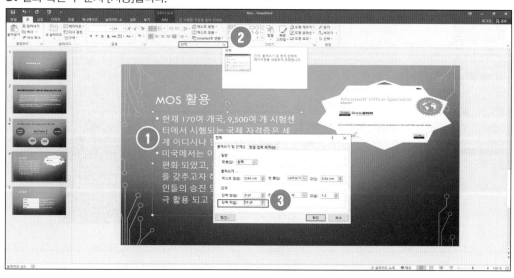

작업 8 "MOS.pptx" 문서 5번 슬라이드 텍스트 내용 중 "취업준비, 졸업자격~~~, 대입에 필요한 ~~~"
단락 목록을 2수준으로 늘리고, "일반인" 단락 목록을 1수준으로 줄여 지정합니다.

해결

1. 5번 슬라이드 "취업준비, 졸업자격~~~, 대입에 필요한 ~~~" 단락 범위 설정 [홈]–[단락]–[목록 수준 늘림]명령 선택합니다.
2. 5번 슬라이드 "일반인" 단락 범위 설정 [홈]–[단락]–[목록 수준 줄임]명령 선택합니다.
3. 결과 확인 후 문서 [저장]합니다.

    ※ 목록 수준 늘림은 들여쓰기, 목록 수준 줄임은 내어쓰기로 적용됩니다.

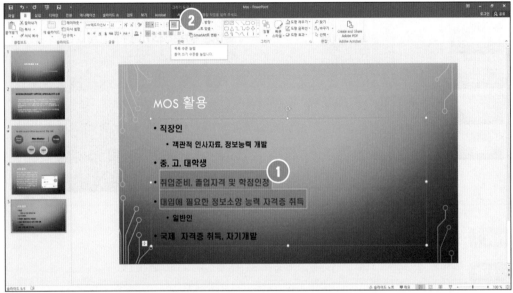

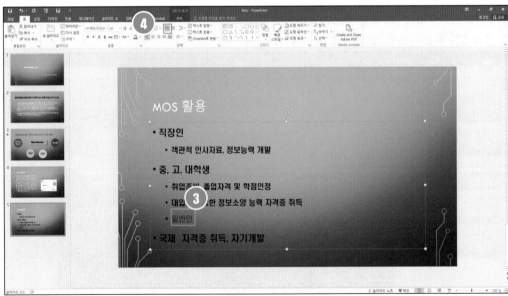

작업 9 "MOS.pptx" 문서 1번 슬라이드의 "WWW.YBMIT.COM" 텍스트에 "WWW.YBMIT.COM"으로 이동하는 하이퍼링크를 연결합니다.

해결

1. 1번 슬라이드 "WWW.YBMIT.COM" 텍스트 범위 설정 [삽입]–[링크]–[하이퍼링크]명령 선택합니다.

2. [하이퍼링크]명령 대화상자 "연결 대상 : 기존 파일/웹페이지" 선택하고 주소를 입력합니다.

3. 결과 확인 후 문서 [저장]합니다.

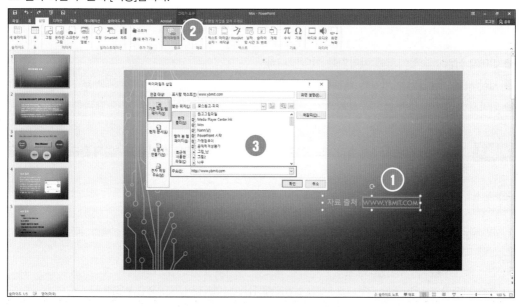

만점합격 Tip

① WordArt 스타일 적용 방법을 정확히 학습합니다.
② 지정된 단락에 글머리 기호, 글머리 번호, 들여쓰기/내어쓰기 지정과정을 정확히 학습합니다.
③ 단락의 열 나누기, 단락의 앞, 뒤 간격 지정방법을 정확히 학습합니다.
④ 텍스트나 도형에 하이퍼링크를 연결하는 작업과정을 정확히 학습합니다.
⑤ 텍스트 효과 지정 작업과정을 정확히 학습합니다.

2 이미지 삽입 및 서식 지정

SECTION

📍 예 제 파 일   MOS.pptx
📍 핵심 키워드   이미지 삽입, 서식 지정, 이미지 보정

❶ **이미지 삽입** : 슬라이드에 이미지를 삽입합니다.

❷ **서식 지정** : 삽입된 이미지에 테두리, 그림자, 반사, 네온, 스타일 등 시각적 효과를 지정합니다.

❸ **이미지 보정** : 삽입된 이미지에 자르기, 색 보정, 투명도, 선명도, 밝기 등 보정 효과를 지정합니다.

작업 1 "MOS.pptx" 문서 4번 슬라이드 오른쪽에 자격증.png 그림을 삽입하고, "입체 원근감" 스타일을 적용합니다.

해결

1. 4번 슬라이드 오른쪽 개체 [그림 삽입] 선택 경로 지정 후 "자격증.png" 지정 [삽입]선택합니다.

2. 삽입 그림 선택 [그림 도구]–[서식]–[스타일] "입체 원근감" 스타일 적용합니다.

3. 결과 확인 후 문서 [저장]합니다.

※ 슬라이드에 개체 틀이 없는 경우 그림 파일을 삽입할 때 "[삽입]–[이미지]–[그림]" 명령 사용합니다.

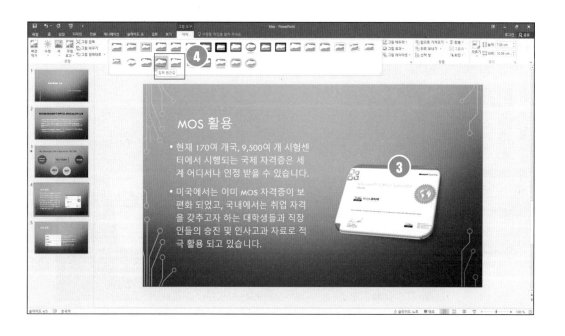

해결

1. 4번 슬라이드 그림 선택 [그림 도구]–[서식]–[조정]–[색]–[색조]명령 "7200k"를 지정합니다.

2. 4번 슬라이드 그림 선택 [그림 도구]–[서식]–[조정]–[수정]–[선명도 조절]명령 "선명하게: 25%" 지정합니다.

3. 결과 확인 후 문서 [저장]합니다.

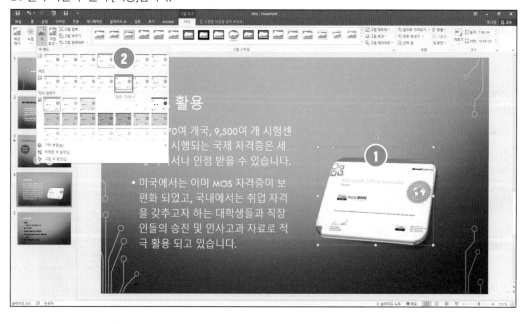

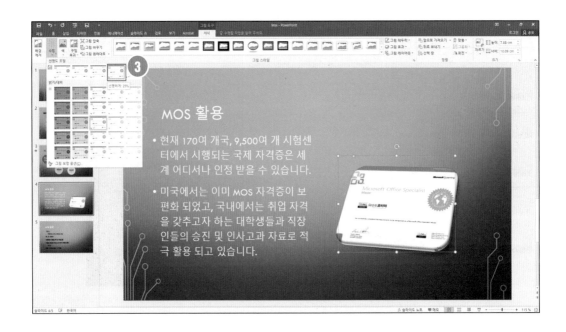

작업 3 "MOS.pptx" 문서 4번 슬라이드 "자격증.png" 그림을 "포인트가 7개인 별" 도형에 맞춰 자르기
합니다.

해결

1. 4번 슬라이드 그림 선택 [그림 도구]–[크기]–[자르기]–[도형에 맞춰 자르기]명령 "포인트가 7개인 별" 도형 선택
합니다.
2. 결과 확인 후 문서 [저장]합니다.

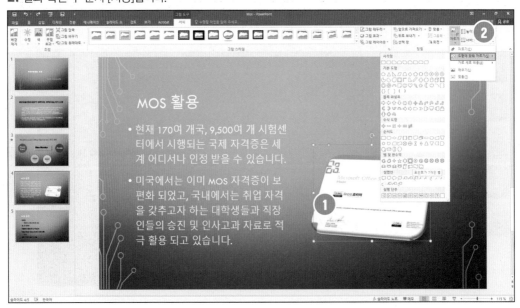

작업 4 "MOS.pptx" 문서 4번 슬라이드 "자격증.png" 그림의 위치를 "가로 위치 기준: 가운데, 3Cm", 세로 위치 기준: 왼쪽 위 모서리, 0Cm"를 지정합니다.

해결

1. 4번 슬라이드 도형 선택 [마우스 오른쪽 버튼]–[그림 서식]명령 선택합니다.
2. [그림 서식]작업창 [크기 및 속성]–[위치]명령 문제 지시 사항대로 지정합니다.

  ※ 그림 선택 [마우스 오른쪽 버튼]–[그림 서식]또는 [크기 및 위치]명령 모두 가능합니다.

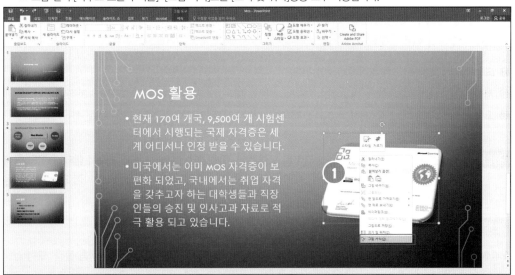

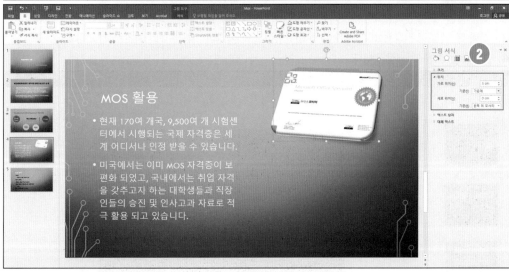

만점합격Tip

① 슬라이드에 그림을 삽입하는 방법을 정확히 학습합니다.
② 슬라이드에 삽입된 그림에 효과를 적용하는 방법을 정확히 학습합니다.
③ 슬라이드에 삽입된 그림에 조정 효과(밝기, 선명도, 색조)를 적용하는 과정을 정확히 학습합니다.
④ 슬라이드에 삽입된 그림을 도형에 맞춰 자르고, 스타일을 적용하는 과정을 정확히 학습합니다.

SECTION

3 도형 삽입 및 서식 지정

• PowerPoint •

○ 예 제 파 일   예제파일_1.pptx
핵심 키워드   도형 삽입, 서식 지정, 도형 편집

❶ **도형 삽입** : 슬라이드에 도형을 삽입니다.
❷ **서식 지정** : 삽입된 도형에 테두리, 그림자, 반사, 네온, 스타일등 시각적 효과를 지정합니다.
❸ **도형 편집** : 도형의 모양 변경, 크기변경, 회전 및 대칭 작업을 합니다.

작업 1 "예제파일_1.pptx" 문서 1번 슬라이드 오른쪽에 "이중 물결" 도형을 삽입, "독서 캠페인" 입력합니다. 도형 크기(높이 : 3Cm, 너비: 10Cm)를 지정하고, 도형스타일 "강한 효과–파랑 강조2"을 적용합니다

해결

1. [슬라이드 목록창] 1번 슬라이드 선택 [삽입]–[일러스트레이션]–[도형]–[별 및 현수막] "이중 물결" 도형 선택 드래그해서 생성합니다.
2. "이중 물결" 도형 선택 [그리기 도구]–[크기] "높이: 3, 너비: 10" 지정합니다.
3. "이중 물결" 도형 선택 [그리기 도구]–[서식]–[도형 스타일] "강한 효과–파랑 강조2" 선택합니다.
4. 결과 확인 후 문서 [저장]합니다.

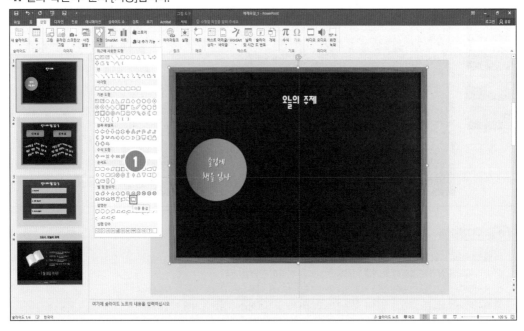

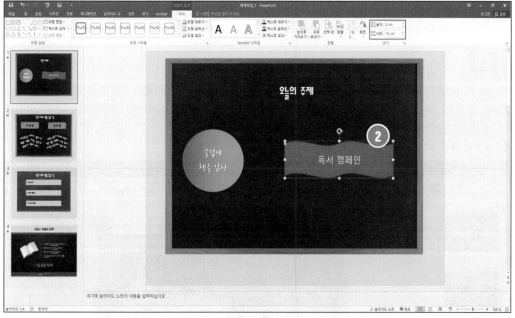

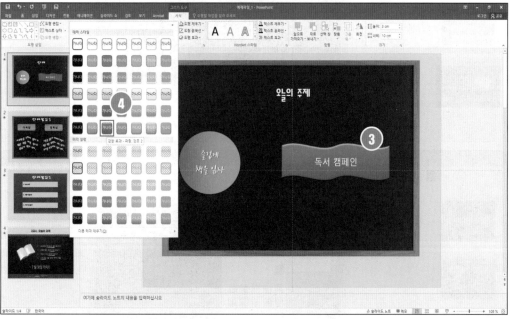

작업 2 "예제파일_1.pptx" 문서 1번 슬라이드의 "이중 물결" 도형을 좌우 대칭 회전하고, 도형 채우기 "가운데 그라데이션" 효과를 지정합니다.

해결

1. 1번 슬라이드 "이중 물결" 도형 선택 [그리기 도구]–[서식]–[정렬]–[회전]–[좌우 대칭]명령 선택합니다.

2. 1번 슬라이드 "이중 물결" 도형 선택 [그리기 도구]–[서식]–[도형 스타일]–[도형 채우기]–[그라데이션] "그라데이션 가운데에서" 선택합니다.

3. 결과 확인 후 문서 [저장]합니다.

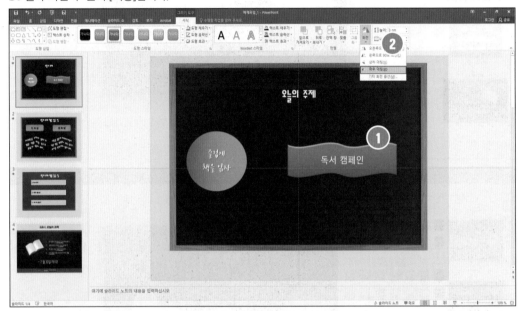

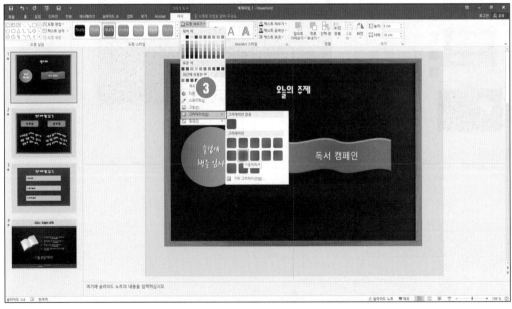

작업 3 "예제파일_1.pptx" 문서 2번 슬라이드 "다독법, 정독법" 도형에 "질감 : 오크"의 채우기 효과, 테두리 없음을 지정합니다.

해결

1. 2번 슬라이드 둥근 사각형 도형 선택 [그리기 도구]–[도형 스타일]–[채우기]–[질감]명령 "오크" 지정합니다.

2. 2번 슬라이드 둥근 사각형 도형 선택 [그리기 도구]–[도형 스타일]–[도형 윤곽선]–[윤곽선 없음]명령 선택합니다.

3. 결과 확인 후 문서 [저장]합니다.

※ 여러 개의 작업 대상을 선택하는 방법
1. "Shift"키를 누른 상태에서 작업 대상을 선택합니다.
2. 슬라이드 빈 영역에서 드래그로 작업 대상을 선택합니다.

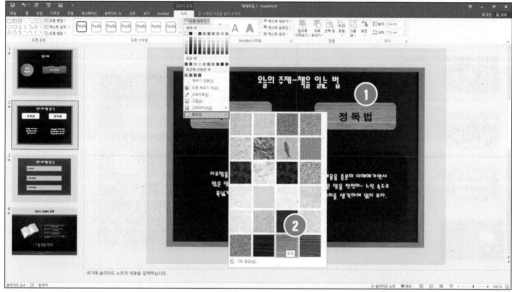

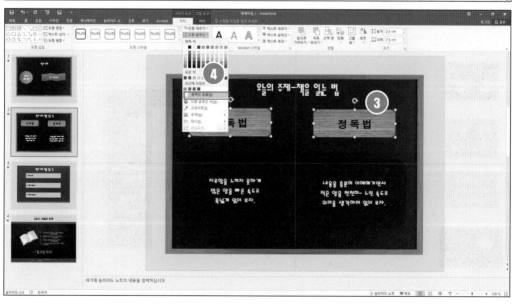

작업 4 "예제파일_1.pptx" 문서 2번 슬라이드 내용 텍스트에 "채우기-흰색, 윤곽선-강조1, 그림자" 워드아트 스타일을 적용하고, "갈매기형 수장 : 위로" 변환 효과를 적용합니다.

해결

1. 2번 슬라이드 내용 입력된 2개 도형 선택 [그리기 도구]-[서식]-[WordArt 스타일]-[채우기-흰색, 윤곽선-강조1, 그림자] 적용합니다.
2. 2번 슬라이드 내용 입력된 2개 도형 선택 [그리기 도구]-[서식]-[WordArt 스타일]-[텍스트 효과]-[변환]명령 "갈매기형 수장 : 위로" 적용합니다.
3. 결과 확인 후 문서 [저장]합니다.

  ※ 사용하는 오피스 버전에 따라 스타일 이름은 다르게 표시 될 수 있습니다.

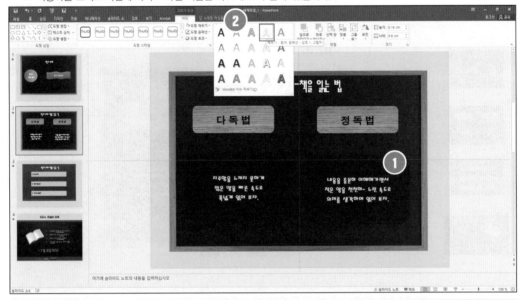

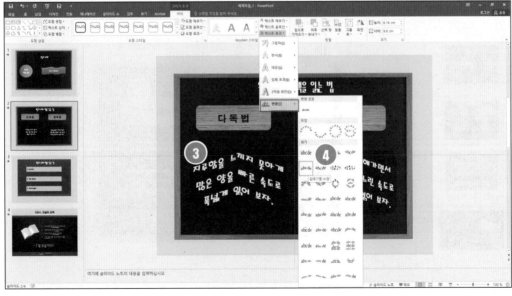

작업 5 "예제파일_1.pptx" 문서 3번 슬라이드 3개 도형을 "화살표 : 오른쪽" 도형으로 변경합니다.

해결

1. 3번 슬라이드 3개 도형 선택 [그리기 도구]–[서식]–[도형 삽입]–[도형 편집]–[도형 모양 변경]–[블록 화살표]–[오른쪽 화살표]도형 선택합니다.

2. 결과 확인 후 문서 [저장]합니다.

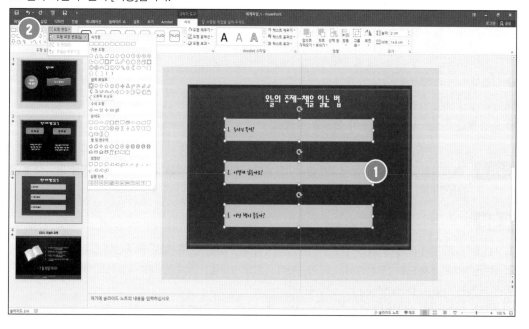

만점합격 Tip

① 도형에 채우기 및 윤곽선 지정 작업 과정을 정확히 학습합니다.
② 도형에 도형 효과를 적용하는 작업 과정을 정확히 학습합니다.
③ 도형 스타일, WordArt 스타일 적용 과정을 정확히 학습합니다.
④ 도형 편집(좌우 대칭, 모양변경)등의 작업 과정을 정확히 학습합니다.
⑤ 도형 편집기능을 이용해서 도형 모양 변경 작업 과정을 정확히 학습합니다.

4 개체 정렬 및 그룹화

예 제 파 일 예제파일_도형.pptx
핵심 키워드 그룹화, 맞춤, 순서변경

❶ **그룹화** : 여러 개체를 하나의 개체로 지정합니다.
❷ **맞춤** : 개체의 너비, 높이, 간격을 조정합니다.
❸ **순서 변경** : 겹쳐있는 개체들의 순서를 지정합니다.

작업 1 "예제파일_도형.pptx" 문서 1번 슬라이드 4개 도형을 "왼쪽 맞춤" 하고, "세로 가격을 동일하게"를 적용합니다.

해결

1. 1번 슬라이드 4개 도형 선택 [그리기 도구]–[서식]–[정렬]–[맞춤]–[왼쪽 맞춤]명령 선택합니다.
2. 1번 슬라이드 4개 도형 선택 [그리기 도구]–[서식]–[정렬]–[맞춤]–[세로 간격을 동일하게]명령 선택합니다.
3. 결과 확인 후 문서 [저장]합니다.

   ※ 여러 개의 개체를 선택하는 방법
   1. Shift키 선택한 상태에서 작업 대상을 클릭합니다.
   2. 슬라이드 빈 곳에서 드래그에서 작업 대상을 사각형 영역으로 선택합니다.

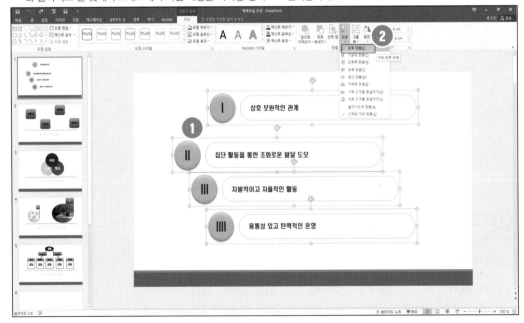

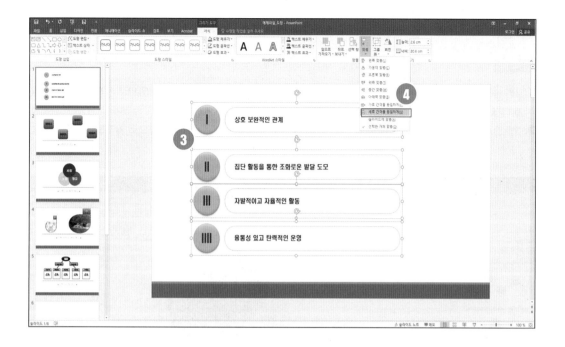

"예제파일_도형.pptx" 문서 2번 슬라이드 4개의 도형을 "중간 맞춤"으로 지정합니다.

해결

1. 2번 슬라이드 4개 도형 선택 [그리기 도구]–[서식]–[정렬]–[맞춤]–[중간 맞춤]명령 선택합니다.
2. 결과 확인 후 문서 [저장]합니다.

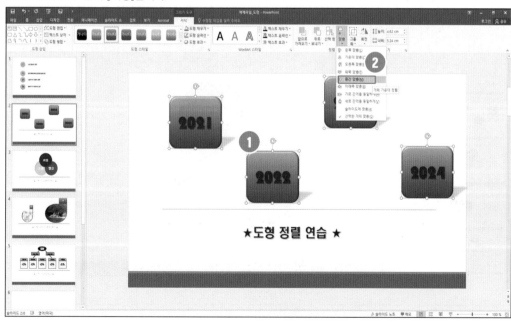

작업 3 "예제파일_도형.pptx" 문서 3번 슬라이드의 도형을 "빨강, 노랑, 파랑" 순서로 정렬합니다.

해결

1. 3번 슬라이드 "빨강" 도형 선택 [그리기 도구]–[서식]–[정렬]–[앞으로 가져오기]–[맨 앞으로 가져오기]명령 선택합니다.

2. 3번 슬라이드 "노랑" 도형 선택 [그리기 도구]–[서식]–[정렬]–[앞으로 가져오기]–[앞으로 가져오기]명령 선택합니다.

※ 개체 순서를 변경하는 문제는 선택하는 개체에 따라 작업 순서가 달라질 수 있습니다.

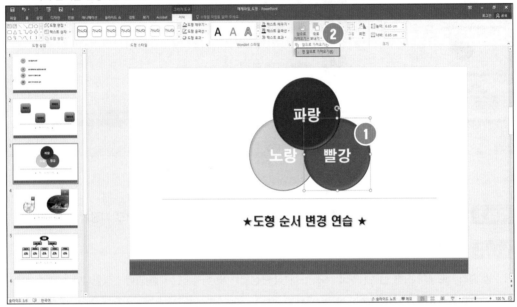

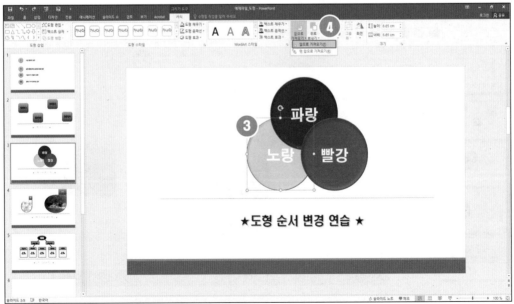

작업 4 "예제파일_도형.pptx" 문서 5번 슬라이드 조직도 도형을 그룹화합니다.

해결

1. 5번 슬라이드의 조직도를 구성하는 모든 도형 선택 [그리기 도구]–[정렬]–[그룹화]–[그룹]명령 선택합니다.

※ 여러 개의 개체를 선택하는 방법

1. Shift키 선택한 상태에서 작업 대상을 클릭합니다.

2. 슬라이드 빈 곳에서 드래그에서 작업 대상을 사각형 영역으로 선택합니다.

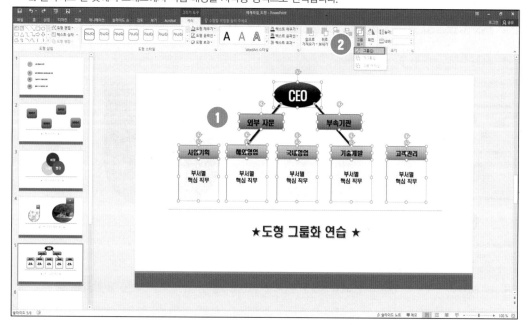

작업 5 "예제파일_도형.pptx" 문서 4번 슬라이드의 "봄" 도형에 "일년 중 첫 번째 계절"의 대체 텍스트 제목을 입력합니다.

해결

1. 4번 슬라이드 "봄" 도형 선택 [마우스 오른쪽 버튼]–[그림 서식]명령 선택합니다.
2. 화면 오른쪽 [그림서식 작업창]–[크기 및 속성]–[텍스트]–[대체 텍스트]선택 후 내용 입력합니다.
3. 결과 확인 후 문서 [저장]합니다.

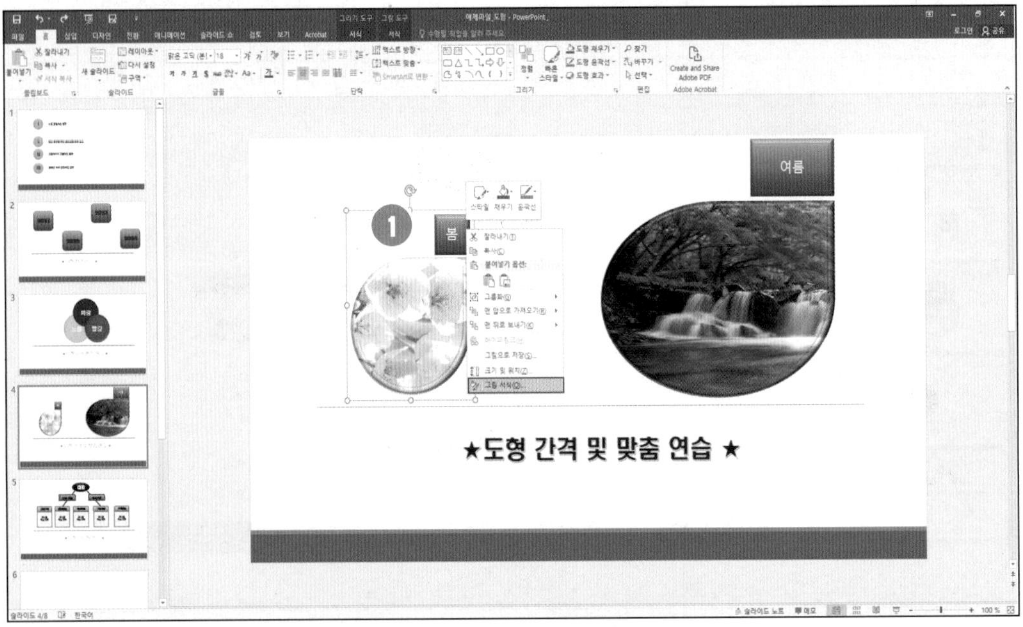

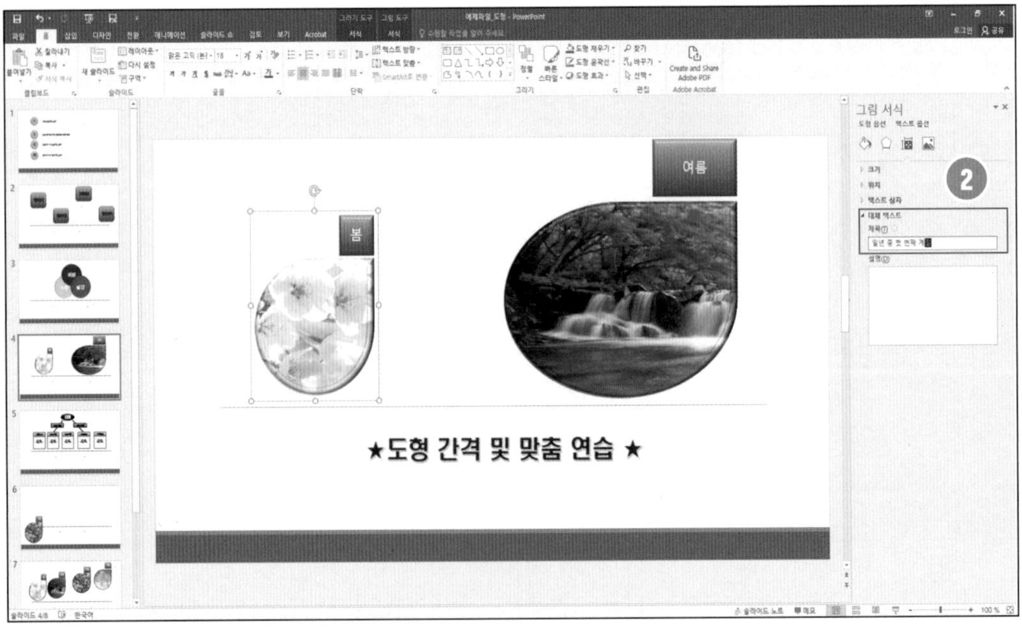

작업 6 "예제파일_도형.pptx" 문서 4번 슬라이드의 "여름" 도형의 크기를 70%로 축소합니다.

해결

1. 4번 슬라이드 "여름" 도형 선택 [마우스 오른쪽 버튼]–[그림 서식]명령 선택합니다.

2. [그림 서식]작업창 [크기]항목에서 "가로 세로 비율 고정"을 선택하고 높이 조절에 70%을 입력합니다.

3. 결과 확인 후 문서 [저장]합니다.

　※ 가로 세로 비율 고정이 선택된 상태에서는 높이 조절, 너비 조절이 같이 변경됩니다.

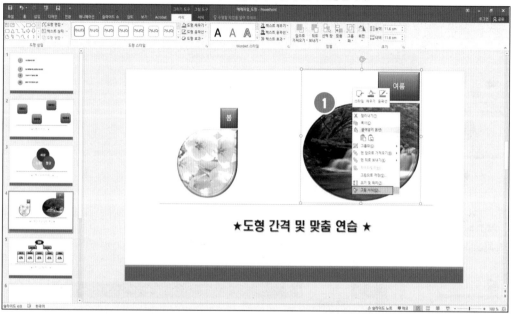

작업 7 "예제파일_도형.pptx" 문서 6번 슬라이드 "가을" 도형 위치를 "가로위치 : 14Cm, 기준 : 왼쪽 위 모서리", "세로 위치 : 4Cm, 기준 : 왼쪽 위 모서리"을 지정합니다.

해결

1. 6번 슬라이드 "가을" 도형 선택 [마우스 오른쪽 버튼]-[그림 서식]명령 선택합니다.

2. [작업창]-[위치]명령 문제 지시 사항을 입력합니다.

3. 결과 확인 후 문서 [저장]합니다.

   ※ 도형 위치를 지정한 후 도형을 이동하면 위치 지정값이 변경됩니다.

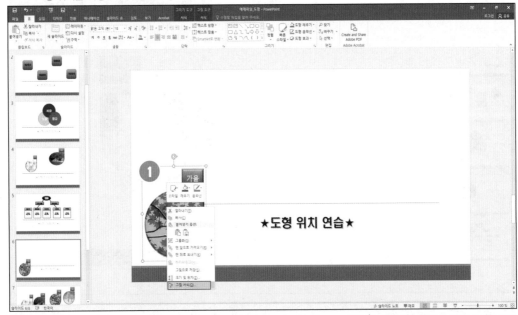

작업 8 "예제파일_도형.pptx" 문서에 눈금 및 안내선 표시하고, "개체를 눈금에 맞춰 이동"을 선택합니다.

해결

1. [보기]–[표시]–[자세히]명령 선택합니다.
2. [눈금 및 안내선]대화상자 문제 지시 사항을 지정합니다.
3. 결과 확인 후 문서 [저장]합니다.

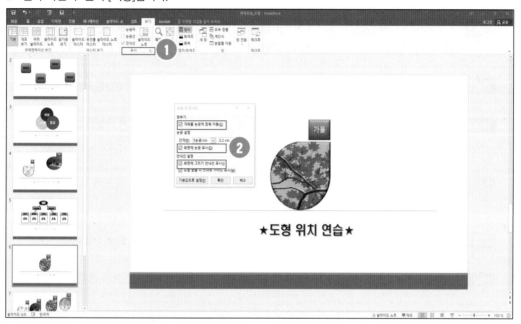

작업 1 9번 슬라이드 조직도 도형을 그룹화합니다.

작업 2 5번 슬라이드 "솔밭공원~" 텍스트에 WordArt 스타일 "채우기 : 라임, 강조색 3 선명한 입체" 스타일을 적용하고 "전체 반사 터치" 효과를 적용합니다.

작업 3 6번 슬라이드 "프로젝트 개발 조직" 텍스트에 9번 슬라이드로 이동하는 하이퍼링크를 설정합니다.

작업 4 3번 슬라이드 "Middle Ware" 도형에 채우기 색 "자주", "밝은 그라데이션 가운데 효과", 테두리 두께 3pt를 적용합니다.

작업 5 2번 슬라이드 그림에 "둥근 대각선 모서리 흰색" 스타일을 적용하고, "원근감 왼쪽 위" 그림자 효과 서식을 지정합니다.

작업 6 2번 슬라이드 그림 위치를 "가로 가운데, −2Cm", "세로 가운데 −4Cm"를 지정합니다.

작업 7 1번 슬라이드 "속이 찬 큰 둥근 글머리" 기호를 "대조표 글머리 기호"로 모두 변경합니다.

작업 8 7번 슬라이드 도형 순서를 "2020년, 2019년, 2018년" 순서로 변경합니다.

작업 9 슬라이드에 눈금선 및 안내선을 표시하고, 개체를 눈금 맞춰 이동하도록 설정합니다.

작업 10 8번 슬라이드의 "행사명, 영문, 주체, 개최시기"가 입력된 도형에 "강한 효과 – 연보라, 강조 6" 스타일 지정합니다.

작업 11 3번 슬라이드 "GUI~, DSM~, Group Ware"가 입력된 3개 도형을 모서리가 둥근 사각형으로 변경합니다.

작업 12 1번 슬라이드의 글머리 단락 내용 중 "현재~, 07. 4. 5~" 단락은 한 수준 목록 늘림으로 지정하고, "건물번호는 ~" 단락은 한 수준 목록 줄임으로 지정합니다.

작업 13 8번 슬라이드 행사 개요가 입력된 4개 도형의 세로 간격을 동일하게 조정하고 왼쪽으로 맞춤합니다.

작업 14 5번 슬라이드 그림 크기를 가로, 세로 비율 고정된 상태에서 너비 조절을 120%로 변경합니다.

작업 15 5번 슬라이드 그림에 대체 텍스트 제목 "솔밭공원"을 입력합니다.

작업 1

1. 9번 슬라이드 선택 슬라이드에 있는 조직도를 구성하는 개체를 모두 선택 [그리기 도구]–[서식]–[정렬]–
[그룹화]명령 선택합니다.

> ※ 슬라이드의 여러 개체를 선택하는 방법
>> 1. 슬라이드 빈 곳에서 마우스 드래그해서 개체를 선택
>> 2. "Shift" 키를 누른 상태에서 개체를 선택

작업 2

1. 5번 슬라이드의 텍스트 개체("솔밭 공원~") 선택 [그리기 도구]–[서식]–[WordArt 스타일] "채우기: 라
임, 강조색 3, 선명한 입체" 스타일을 선택합니다.

2. 5번 슬라이드의 텍스트 개체("솔밭 공원~") 선택 [그리기 도구]–[서식]–[텍스트 효과]–[반사] "전체 반사
터치" 효과를 선택합니다.

> ※ 텍스트 개체를 선택하는 방법
>> 1. 텍스트 개체의 윤곽선을 선택
>> 2. 텍스트 개체의 텍스트를 범위 설정하여 선택

작업 3

1. 6번 슬라이드 텍스트("프로젝트 개발 조직")를 범위로 설정 [삽입]–[링크]–[링크]–[하이퍼링크 삽입]명령
선택합니다.

2. [하이퍼링크 삽입]대화상자 "연결대상: 현재문서, 슬라이드9번" 지정하고 [확인]단추 선택합니다.

> ※ 하이퍼링크를 확인할 때는 슬라이드 쇼 또는 "Ctrl" 키를 누른상태에서 링크가 설정된 텍스트나 도형을 클릭합니다.

작업 4

1. 3번 슬라이드에서 도형 선택 [그리기 도구]–[도형 스타일]–[채우기] "자주" 색 지정하고, [채우기]–[그라
데이션] "밝은 그라데이션 가운데" 효과 지정, [그리기 도구]–[도형 스타일]–[윤곽선]–[두께] 3pt 지정합
니다.

작업 5

1. 2번 슬라이드 그림 선택 [그림 도구]–[서식]–[그림 스타일]–[둥근 대각선 모서리 흰색]스타일 적용하고,
[그림 도구]–[서식]–[그림 효과]–[그림자]–[원근감 왼쪽 위]를 적용합니다.

작업 6

1. 2번 슬라이드 그림 선택 [마우스 오른쪽]–[크기 및 위치]명령 선택합니다. 오른쪽 작업창 [그림서식]–[위
치]명령 선택하고 "가로 위치: −2Cm 기준: 가운데, 세로 위치: −4Cm 기준: 가운데"를 지정합니다.

> ※ 그림 선택 [마우스 오른쪽 버튼]–[그림 서식]선택하여도 "위치" 지정 가능합니다.

실전 적용 모의고사 2회 - 작업 과정 해설

작업 7

1. 1번 슬라이드 글머리 기호 단락 범위 설정 [홈]–[단락]–[글머리 기호]–[대조표 글머리 기호]선택 합니다.

  ※ 글머리 기호 단락 범위 설정 방법

    1. 텍스트를 범위로 직접 지정

    2. 텍스트가 입력된 개체 틀 경계선에서 선택하여 지정

작업 8

1. 7번 슬라이드 "2020" 텍스트가 입력된 도형 선택 [그리기 도구]–[서식]–[정렬]–[앞으로 가져오기]–[맨 앞으로 가져오기]명령 선택하고, "2019" 텍스트가 입력된 도형 선택 [그리기 도구]–[서식]–[정렬]–[앞으로 가져오기]–[앞으로 가져오기]명령 선택합니다.

  ※ 도형 선택 [마우스 오른쪽 버튼]–[맨 앞으로 가져오기/맨 뒤로 보내기]명령 선택하여도 가능합니다.

  ※ 도형 순서 변경은 선택한 도형에 따라서 작업 순서가 달라 질 수 있습니다.

작업 9

1. [보기]–[표시]–[자세히]명령 선택합니다. [눈금 및 안내선]대화상자 "개체를 눈금에 맞춰 이동, 화면에 눈금 표시, 화면에 그리기 안내선 표시" 선택 지정합니다.

작업 10

1. 8번 슬라이드 "행사명, 영문, 주체, 개최시기" 입력된 도형 선택 [그리기 도구]–[도형 스타일]–[강한 효과–연보라, 강조6]을 선택합니다.

작업 11

1. 3번 슬라이드 "GUI~, DSM~, Group Ware" 내용이 입력된 3개 도형 선택 [그리기 도구]–[서식]–[도형삽입]–[도형 편집]–[도형 모양 변경]–[모서리가 둥근 사각형]선택 지정합니다.

작업 12

1. 1번 슬라이드 2개 단락(현재~, 07. 4. 5.~~~)범위 설정 [홈]–[단락]–[목록 수준 늘림]지정하고, "건물 번호는~~" 단락 범위 설정 [홈]–[단락]–[목록 수준 줄임]지정합니다.

  ※ 목록 수준 줄임은 내어쓰기, 목록 수준 늘림은 들여쓰기입니다.

작업 13

1. 8번 슬라이드 4개 도형 선택 [그리기 도구]–[서식]–[정렬]–[맞춤]–[세로 간격 동일하게]명령 적용하고, [맞춤]–[왼쪽 맞춤] 적용합니다.

작업 14

1. 5번 슬라이드 그림 선택 [마우스 오른쪽 버튼]–[그림 크기 및 위치]명령 선택합니다. [그림 서식]작업창 [크기]명령에서 "가로 세로 비율 고정 선택, 너비 조절: 120%" 지정합니다.

※ 그림 선택 [마우스 오른쪽 버튼]–[그림 서식]명령 선택하여도 지정 가능합니다.

작업 15

1. 5번 슬라이드 그림 선택 [마우스 오른쪽 버튼]–[대체 텍스트 편집]명령 선택합니다. [대체 텍스트]작업창 "제목: 솔밭공원" 입력합니다.

03

표, 차트, 스마트아트, 미디어 삽입

프레젠테이션 발표 시 정확한 의사전달을 위해 텍스트를 나열하는 것보다는 표 및 차트, 스마트아트 도형을 사용하여 전달내용을 시각적으로 표현 하는 것이 의사전달에 효과적입니다. 표, 스마트 도형, 차트를 삽입하고 서식을 적용하여 의사전달에 적합한 형식을 지정하는 과정을 살펴봅니다. 청중의 집중도를 높이기 위해 동영상 및 오디오를 적절한 위치에 삽입하고 효과적으로 재생하는 방법등을 살펴봅니다.

| Section 1 | 표 삽입 및 서식 지정
| Section 2 | 차트 삽입 및 서식 지정
| Section 3 | 스마트아트 삽입 및 서식 지정
| Section 4 | 미디어 삽입 및 서식 지정

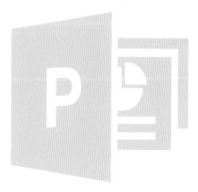

표 삽입 및 서식 지정

예 제 파 일   체인점.pptx
핵심 키워드   표 디자인, 표 레이아웃

❶ **표 삽입** : 슬라이드의 개체 틀, 삽입 명령을 이용하여 표를 삽입니다.
❷ **표 디자인** : 작성된 표에 스타일, 효과, 채우기, 테두리를 지정합니다.
❸ **표 레이아웃** : 작성된 표의 병합, 분할, 크기조정, 맞춤, 행/열 삽입 등을 지정합니다.

작업 1 "체인점.pptx" 문서 3번 슬라이드에 3행, 3열의 표를 삽입하고, 첫 행에 "본사, 리스, 혼합형"의 내용을 입력합니다.

해결

1. 3번 슬라이드 개체 틀의 "표" 선택 [표 대화상자]에 3열, 3행을 입력합니다.
2. 삽입된 표 첫 행에 내용 입력합니다.
   ※ 셀을 이동할 때 마우스로 클릭하거나 "Tab" 키 사용해서 이동합니다.

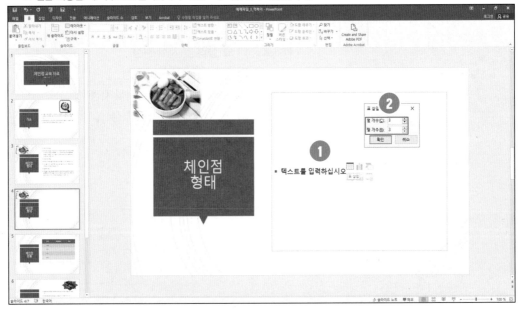

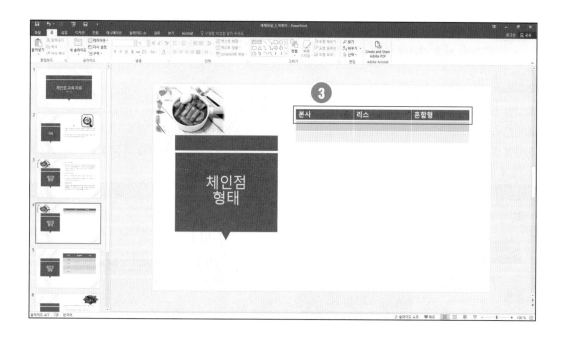

"체인점.pptx" 문서 3번 슬라이드 표 마지막 행을 "행 : 2, 열 : 1"로 셀 분할합니다.

해결

1. 3번 슬라이드 표 마지막 행 범위 설정 [표 도구]-[레이아웃]-[병합]-[셀 분할]명령 선택합니다.

2. [셀 분할]대화상자 "행 : 2, 열 : 1" 지정합니다.

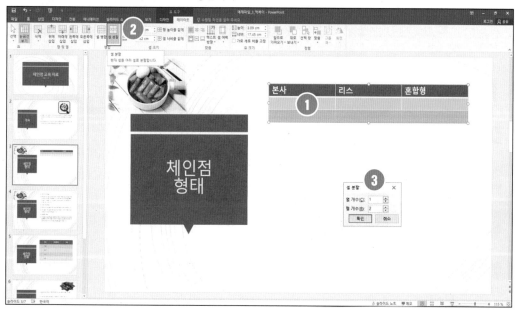

작업 3 "체인점.pptx" 문서 3번 슬라이드 표 1행 높이는 2Cm, 2~4행 높이는 4Cm로 지정하고, 표 전체 "가로, 세로 가운데 맞춤"을 지정합니다.

해결

1. 3번 슬라이드 표 1행 범위 설정 [표 도구]–[레이아웃]–[셀 크기]–[높이]명령 "2Cm" 지정합니다.

2. 3번 슬라이드 표 2 ~ 4행 범위 설정 [표 도구]–[레이아웃]–[셀 크기]–[높이]명령 "4Cm" 지정합니다.

3. 3번 슬라이드 표 전체 선택 [표 도구]–[레이아웃]–[맞춤]명령 "가운데 맞춤, 세로 가운데 맞춤"을 지정합니다.

4. 결과 확인 후 문서 [저장]합니다.

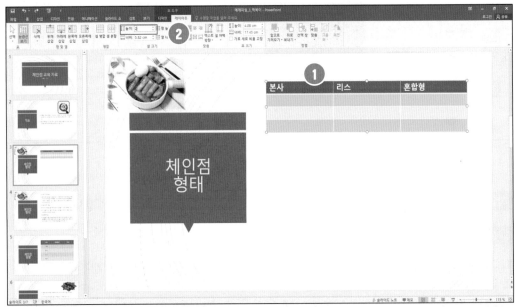

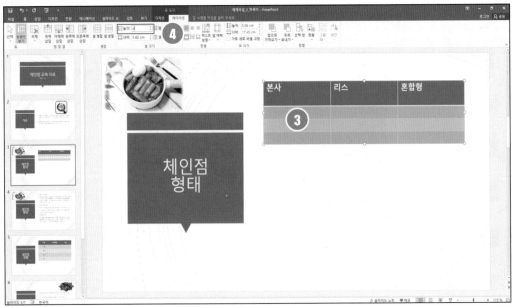

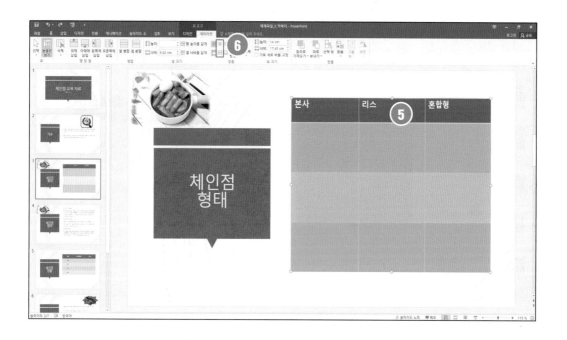

작업 4 "체인점.pptx" 문서 5번 슬라이드 표 "비고" 열 왼쪽에 열을 추가하고, "운영형태" 내용을 입력합니다.

해결

1. 5번 슬라이드 표 "비고" 열 선택 [표 도구]−[레이아웃]−[행 및 열]−[왼쪽에 삽입] 명령 선택합니다.
2. 삽입된 열 첫 행에 "운영형태"를 입력합니다.
3. 결과 확인 후 문서 [저장]합니다.

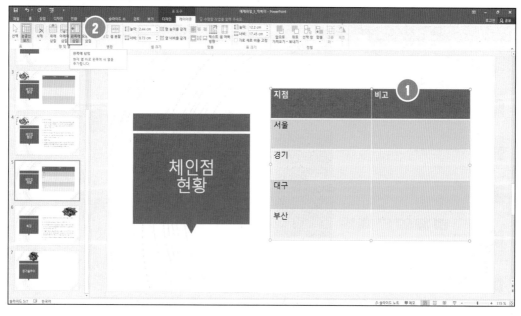

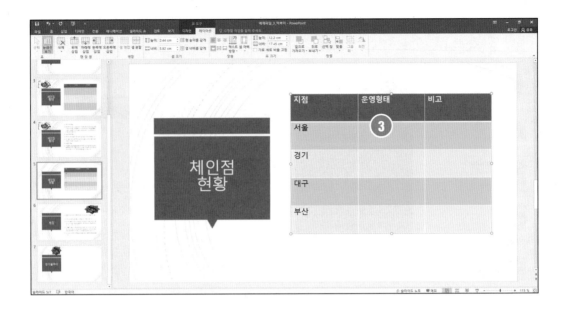

작업 5 "체인점.pptx" 문서 5번 슬라이드 표에 "보통 스타일 2 – 강조 6" 스타일, "모든 테두리", "가로, 세로 가운데 맞춤"를 적용합니다.

🔦 **해결**

1. 표 선택 [표 도구]–[디자인]–[표 스타일]–[보통 스타일 2 – 강조 6] 선택합니다.

2. 표 선택 [표 도구]–[디자인]–[표 스타일]–[테두리]–[모든 테두리] 선택합니다.

3. 표 선택 [표 도구]–[레이아웃]–[맞춤]–[가로, 세로 가운데 맞춤] 선택합니다.

4. 결과 확인 후 문서 [저장]합니다.

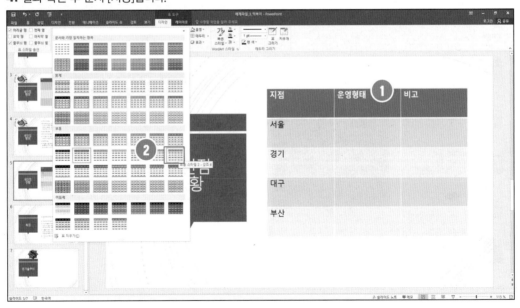

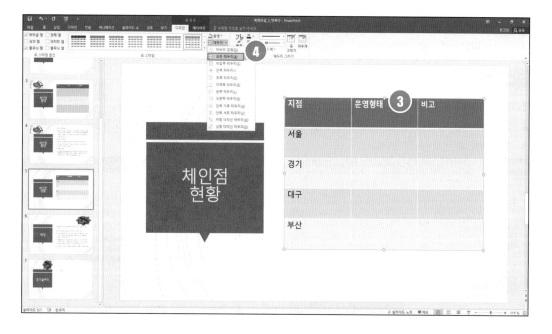

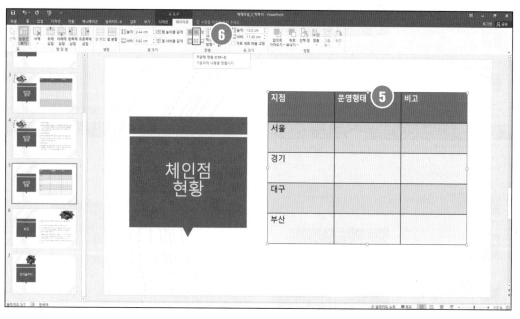

작업 6 "체인점.pptx" 문서 5번 슬라이드 표에 "입체효과 : 디벗", "반사 : 근접 반사 4pt, 오프셋"을 지정합니다.

해결

1. 5번 슬라이드 표 선택 [표 도구]–[디자인]–[표 스타일]–[효과]–[입체효과]–[디벗] 선택합니다.

2. 5번 슬라이드 표 선택 [표 도구]–[디자인]–[표 스타일]–[효과]–[반사]–[근접 반사, 4pt 오프셋] 선택합니다.

3. 결과 확인 후 문서 [저장]합니다.

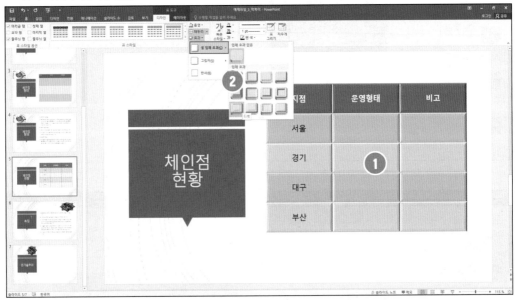

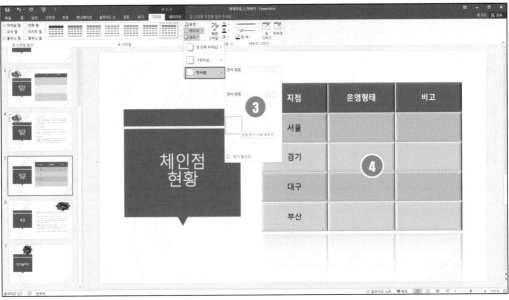

작업 7 "체인점.pptx" 문서 7번 슬라이드에 "가맹점추이.xlsx" 표 및 차트를 삽입합니다.

해결

1. 7번 슬라이드 개체 틀 선택 [삽입]-[텍스트]-[개체]명령 선택합니다.

2. [개체]대화상자 찾아보기에서 "가맹점추이.xlsx" 파일 지정하고 [확인]단추 선택합니다.

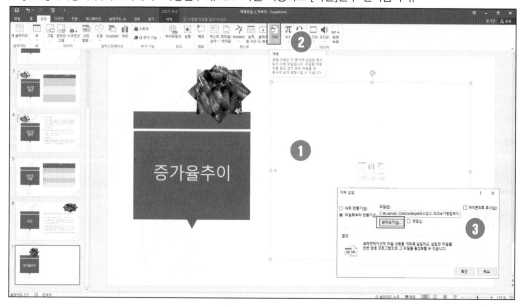

만점합격 Tip

① 슬라이드에 표를 삽입하고, 삽입된 표의 분할 및 병합 작업 과정을 정확히 학습합니다.
② 삽입된 표에 입력된 내용의 정렬 방법, 표와 셀의 크기를 변경하는 작업 과정을 정확히 학습합니다.
③ 삽입된 표에 스타일을 적용하고 스타일 옵션을 지정하는 작업 과정을 정확히 학습합니다.
④ 삽입된 표에 효과(입체, 그림자, 반사)을 적용하고 효과 옵션을 변경하는 작업 과정을 정확히 학습합니다.
⑤ 다른 프로그램에 입력된 표나 차트를 개체로 삽입하는 과정을 정확히 학습합니다.

SECTION 2 차트 삽입 및 서식 지정

예 제 파 일   차트와스마트아트.pptx
핵심 키워드   차트 삽입, 차트 디자인, 차트 서식

❶ **차트 삽입** : 슬라이드 개체 틀, 삽입 명령을 이용하여 차트를 삽입합니다.
❷ **차트 디자인** : 차트 스타일 적용, 차트 구성요소 추가, 데이터 편집 작업을 합니다.
❸ **차트 서식** : 차트 구성 요소에 서식을 지정합니다.

작업 1 "차트와스마트아트.pptx" 문서 2번 슬라이드에 "D대학, 3.8, 4.1, 3.6"의 자료를 추가합니다.

해결

1. 2번 슬라이드 차트 선택 [차트 도구]–[디자인]–[데이터]–[데이터 편집]–[데이터 편집]명령 선택 데이터 편집창의
   마지막 행에 자료를 입력합니다.
2. 결과 확인 후 문서 [저장]합니다.

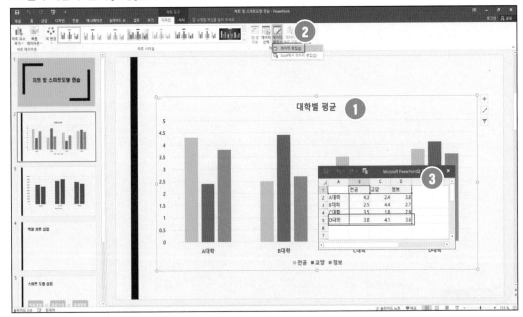

작업 2 "차트와스마트아트.pptx" 문서 2번 슬라이드 차트를 "교양" 계열 차트 종류는 영역형의 보조축으로 지정하는 콤보형 차트로 변경합니다.

해결

1. 2번 슬라이드 차트 선택 [차트 도구]-[디자인]-[차트 종류 변경]명령 선택합니다.

2. [차트 종류 변경]대화상자 [모든 차트]-[콤보]선택 후 "교양" 계열의 차트 종류 "영역형", 보조 축으로 지정합니다.

3. [차트 종류 변경]대화상자 [확인]선택합니다.

4. 결과 확인 후 문서 [저장]합니다.

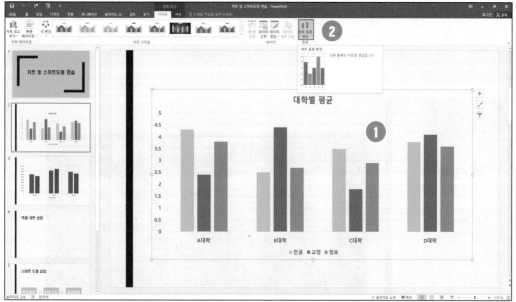

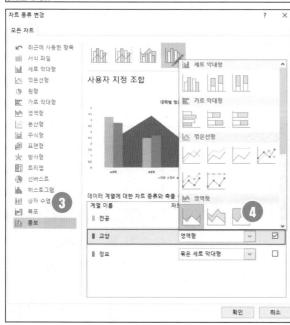

작업 3 "차트와스마트아트.pptx" 문서 2번 슬라이드 차트에 스타일 6, 색상형 2번을 적용하고, 범례를 위쪽으로 이동합니다. 완성된 차트를 "평균분석" 이라는 서식 차트로 저장합니다.

해결

1. 2번 슬라이드 차트 선택 [차트 도구]–[디자인]–[차트 스타일]–[차트 스타일 6] 지정합니다.

2. 2번 슬라이드 차트 선택 [차트 도구]–[디자인]–[차트 스타일]–[색변경]–[색상 2] 지정합니다.

3. 2번 슬라이드 차트 범례 선택 [차트 도구]–[서식]–[선택 영역 서식] 선택합니다.

4. [범례 서식]작업창 범례 위치 "위쪽으로" 지정합니다.

5. 2번 슬라이드 차트 선택 [마우스 오른쪽 버튼]–[서식 파일로 저장] 명령 선택합니다.

6. [저장]대화상자에서 파일이름을 입력합니다.

7. 결과 확인 후 문서 [저장] 선택합니다.

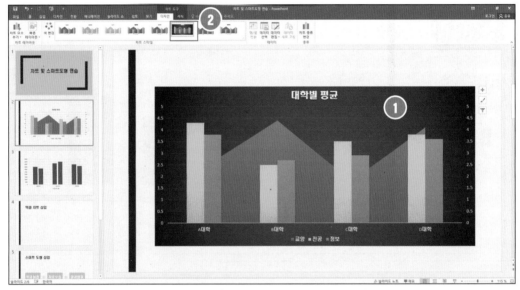

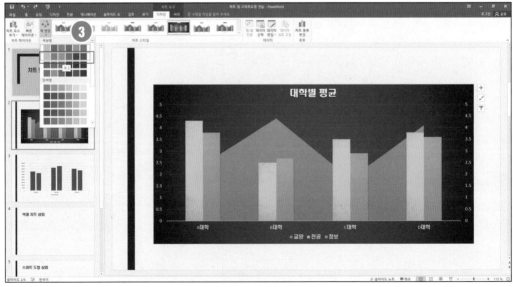

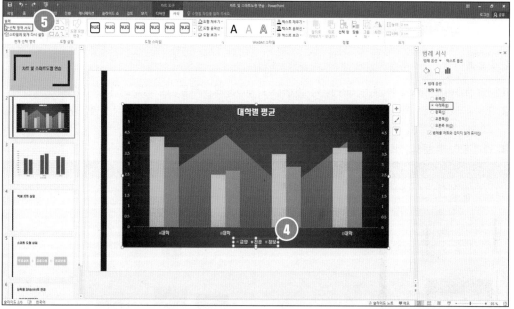

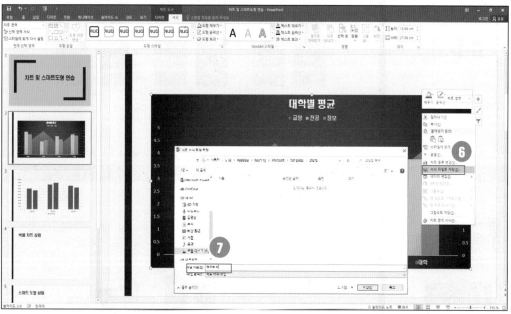

작업 4 "차트와스마트아트.pptx" 문서 3번 슬라이드 차트에 레이아웃 5번을 적용하고, 지출 계열에 레이블 설명선을 추가합니다.

해결

1. 3번 슬라이드 차트 선택 [차트 도구]-[디자인]-[차트 레이아웃]-[빠른 레이아웃 5번] 선택합니다.

2. 3번 슬라이드 차트 지출 계열 선택 [마우스 오른쪽 버튼]-[데이터 레이블 추가]-[데이터 설명선 추가]명령 선택합니다.

3. 결과 확인 후 문서 [저장]합니다.

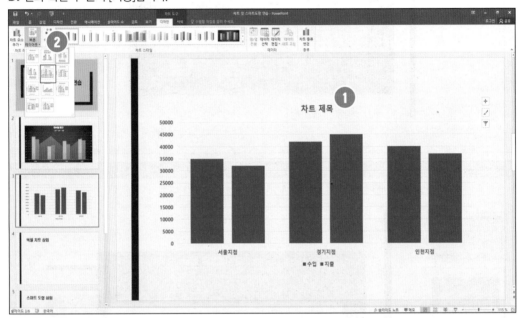

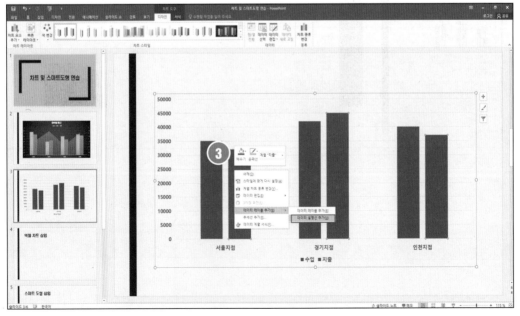

작업 5 "차트와스마트아트.pptx" 문서 3번 슬라이드 차트에 차트 제목을 "제목 위"로 지정, "수입/지출 분석" 내용을 입력하고, 세로 축 주 단위를 10000으로 지정합니다.

해결

1. 3번 슬라이드 차트 선택 [차트 도구]-[디자인]-[차트 레이아웃]-[차트 요소 추가]-[차트 제목]-[차트 위]명령 선택합니다.
2. "차트 제목" 개체 틀 선택 후 내용 입력합니다.
3. 3번 슬라이드 차트의 세로 축 선택 [마우스 오른쪽 버튼]-[축 서식]명령 선택합니다.
4. [축 서식]작업창 [축옵션] 기본 단위를 10000으로 지정합니다.
5. 결과 확인 후 문서 [저장]합니다.

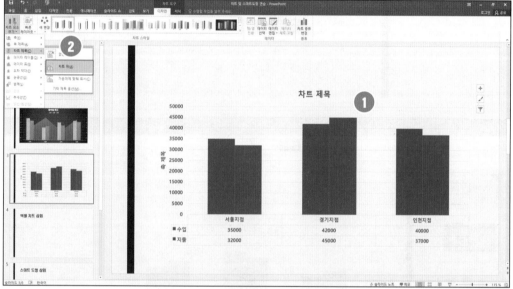

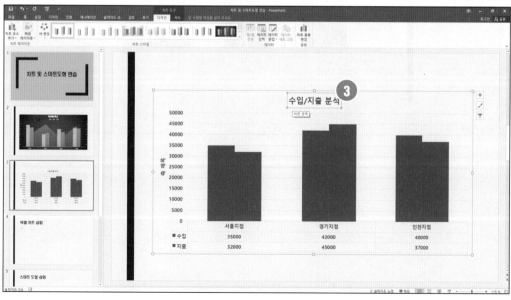

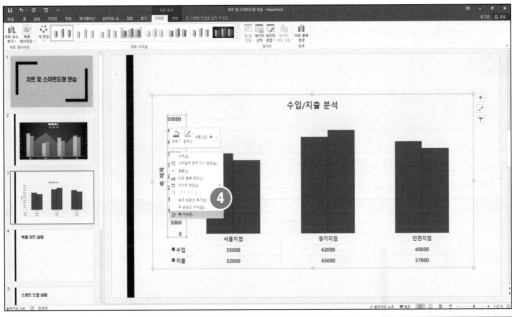

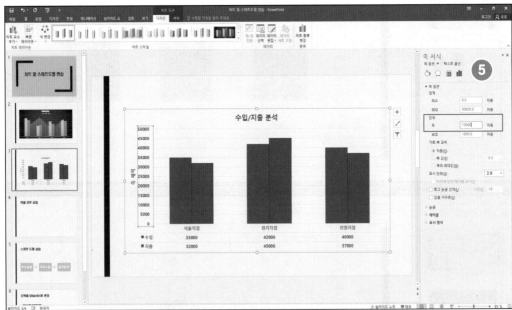

작업 5 "차트와스마트아트.pptx" 문서 4번 슬라이드에 통합문서11.xlsx의 차트를 삽입합니다.

해결

1. 4번 슬라이드 개체 틀 선택 [삽입]-[텍스트]-[개체]명령 선택합니다.

2. [개체]대화상자에서 "통합문서11.xlsx" 지정하고 [확인]단추 선택합니다.

3. 결과 확인 후 문서 [저장]합니다.

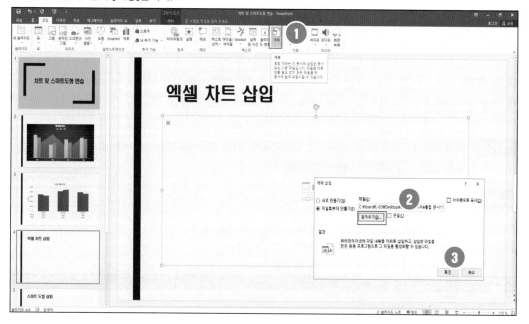

만점합격Tip

① 차트를 작성하기 위한 자료를 입력하고 편집하는 작업 과정을 정확히 학습합니다.

② 차트의 구성 요소(축제목, 범례, 차트제목, 레이블)등의 추가/삭제 작업 과정을 정확히 학습합니다.

③ 삽입된 차트의 레이아웃, 차트 스타일 등의 지정 및 변경 작업과정을 정확히 학습합니다.

④ 다른 프로그램에서 작성된 차트를 개체로 불러오는 작업 과정을 정확히 학습합니다.

⑤ 삽입된 차트를 구성하는 각 영역의 서식 지정 과정을 정확히 학습 합니다.

SECTION 3

SmartArt 삽입 및 서식 지정

◉ 예 제 파 일　차트와스마트아트.pptx
핵심 키워드　SmartArt 삽입, SmartArt 서식 지정

❶ **SmartArt 삽입**: 슬라이드의 개체 틀, 삽입 명령을 이용하여 SmartArt를 삽입합니다.
❷ **SmartArt 서식 지정**: 도형 변경, SmartArt 스타일, 색 변경 작업을 합니다.

작업 1 "차트와스마트아트.pptx" 문서 5번 슬라이드에 "기본 프로세스" SmartArt를 삽입하고, "목표설정", "자료수집", "결과발표" 내용을 입력합니다.

💡**해결**

1. 5번 슬라이드 개체 틀 "SmartArt 그래픽 삽입" 선택 [프로세스]–[기본 프로세스형] 선택합니다.
2. 삽입된 SmartArt 그래픽 텍스트 입력창에 내용 입력합니다.
　　※ SmartArt에 텍스트 입력 작업 Enter키 사용에 주의해야합니다.

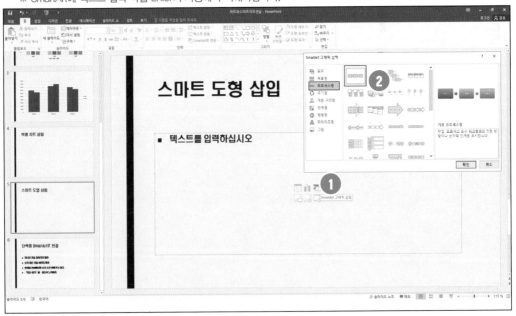

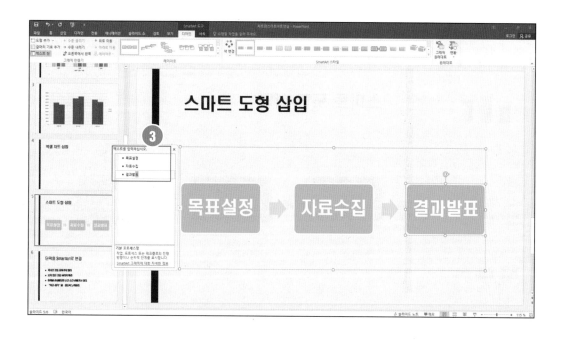

🔦 해결

1. 5번 슬라이드 SmartArt 선택 [SmartArt 도구]–[디자인]–[SmartArt 스타일]–[색 변경]–[색상형]–[색상형 범위–강조색 4 또는 5] 선택합니다.
2. 5번 슬라이드 SmartArt 선택 [SmartArt 도구]–[디자인]–[SmartArt 스타일]–[만화] 선택합니다.
3. 결과 확인 후 문서 [저장]합니다.

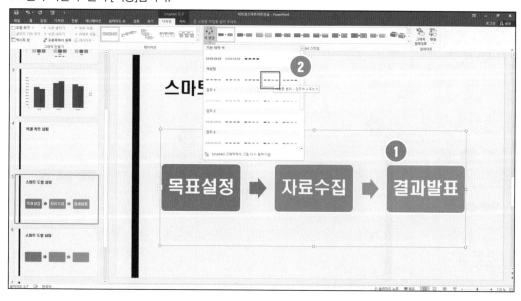

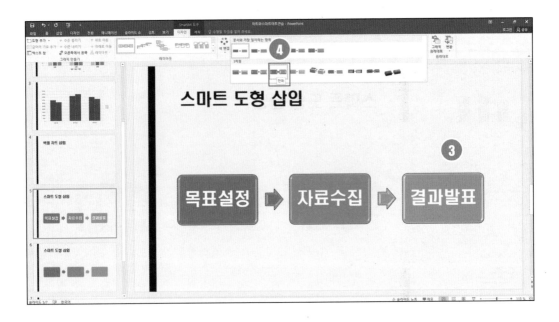

작업 3 "차트와스마트아트.pptx" 문서 5번 슬라이드 SmartArt를 "교대 육각형"으로 변경, 3번째 도형에 "자료분석" 텍스트를 추가하고, 좌우 대칭을 지정합니다.

해결

1. 5번 슬라이드 SmartArt 선택 [SmartArt 도구]-[디자인]-[레이아웃]-[기타 레이아웃]명령 선택합니다.

2. [SmartArt 그래픽 선택]대화상자 "목록형: 교대 육각형" 선택합니다.

3. 5번 슬라이드 SmartArt 선택 [텍스트 입력 상자]에 도형 추가(2번째 도형(자료수집)에서 Enter) 후 "자료분석" 내용 입력합니다.

4. 5번 슬라이드 SmartArt 선택 [SmartArt 도구]-[디자인]-[그래픽 만들기]-[오른쪽에서 왼쪽]명령 선택합니다.

5. 결과 확인 후 문서 [저장]합니다.

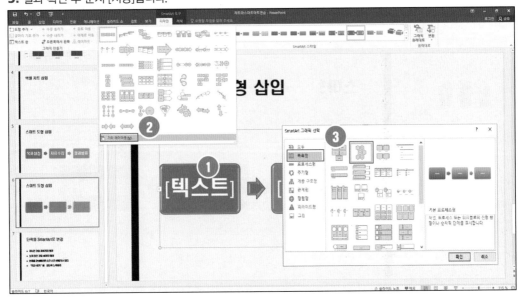

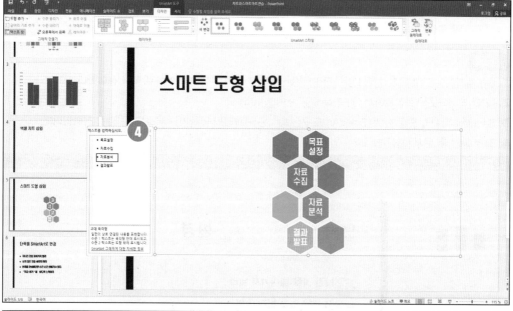

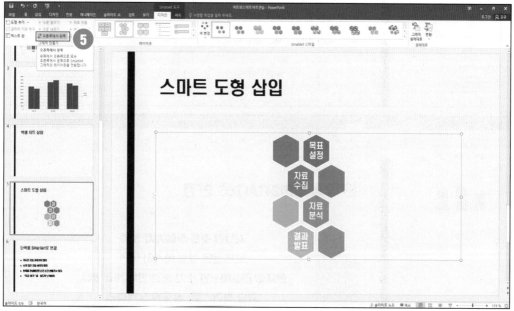

작업 4 "차트와스마트아트.pptx" 문서 6번 슬라이드 단락 목록을 "과녁 목록형" SmartArt로 변경하고 마지막 도형("지금-여기~~~")을 맨 위로 이동합니다.

해결

1. 6번 슬라이드 단락 목록 선택 [홈]-[단락]-[SmartArt로 변환]-[기타 레이아웃]명령 선택합니다.

2. [기타 레이아웃]대화상자에서 "과녁 목록형" 선택합니다.

3. SmartArt 마지막 도형 선택 [SmartArt 도구]-[디자인]-[그래픽 만들기]-[위로 이동]명령 선택합니다.

4. 결과 확인 후 문서 [저장]합니다.

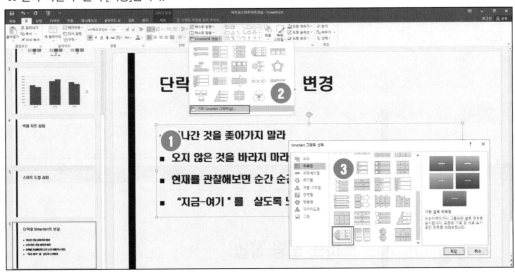

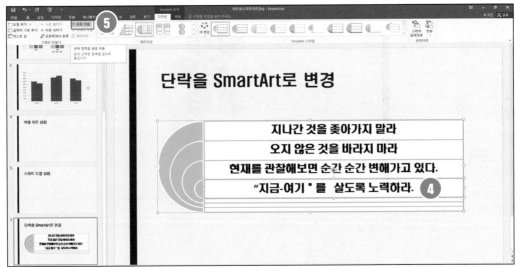

만점합격Tip

① 텍스트상자에 입력된 단락을 SmartArt로 변경하는 작업 과정을 정확히 학습합니다.

② 삽입된 SmartArt의 모양 변경 및 도형 순서 변경 작업 과정을 정확히 학습합니다.

③ 삽입된 SmartArt에 서식을 지정하는 작업 과정을 정확히 학습합니다.

미디어 삽입 및 서식 지정

SECTION **4**

예제파일   정원.pptx
핵심 키워드   미디어 삽입, 미디어 서식 지정

❶ **미디어 삽입** : 프레젠테이션 파일에 소리 및 동영상 파일을 삽입합니다.
❷ **미디어 서식 지정** : 미디어 파일의 재생 방법, 비디오 스타일등을 지정합니다.

작업 1 "정원.pptx" 문서 1번 슬라이드에 "샘플오디오.mp3" 파일을 삽입합니다. 슬라이드 쇼 실행시 자동
실행, 볼륨은 "중간", 반복 재생, 슬라이드 쇼 동안 아이콘 숨기기를 적용합니다.

해결

1. 1번 슬라이드 선택 [삽입]–[미디어]–[오디오]–[내 PC의 오디오] 명령을 선택합니다.
2. 삽입된 오디오 아이콘 선택 [오디오 도구]–[재생]–[오디오 옵션] "시작방법: 자동실행, 볼륨: 중간, 반복재생, 아이
   콘 숨기기" 선택합니다
3. 결과 확인 후 문서 [저장]합니다.

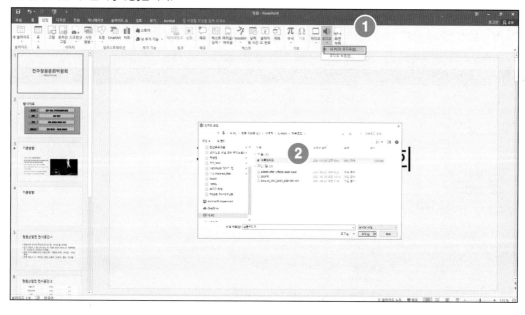

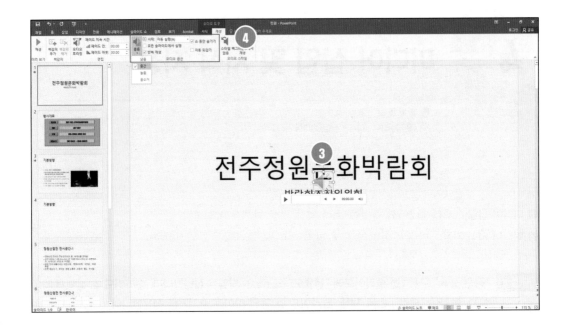

작업 2 "정원.pptx" 문서 3번 슬라이드에 "샘플동영상.mp4" 파일을 삽입합니다. 슬라이드 쇼 실행시 자동 실행, 볼륨은 "중간", 반복 재생을 적용합니다.

해결

1. 3번 슬라이드 개체 틀 선택 [오디오 삽입]선택 합니다.

2. [비디오 삽입]대화상자 경로지정 후 "샘플동영상.mp4" 지정 [삽입]선택 합니다.

3. 동영상 선택 [비디오 도구]-[재생] "시작: 자동 실행, 볼륨: 중간, 반복 재생" 지정합니다.

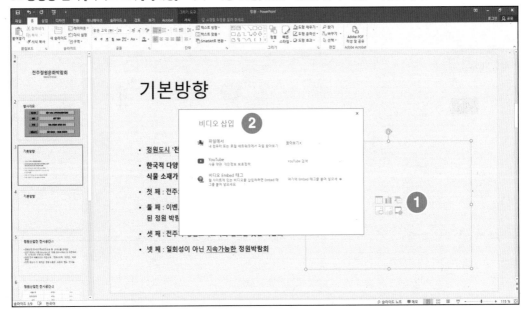

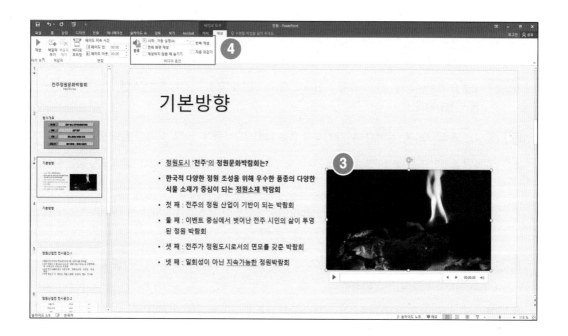

① 슬라이드에 미디어 파일(동영상, 소리)을 삽입하고 재생 옵션 설정 작업 과정을 정확히 학습합니다.
② 동영상 실행창의 크기 조정 작업 과정을 정확히 학습합니다.
③ 미디어 파일의 페이드 인/아웃 효과 지정 과정을 징확히 학습합니다.

실전 적응 모의고사 3회

| 예제파일 실전적응모의고사-3회.pptx

작업 1 1번 슬라이드에 3열 4행의 표를 삽입하고 1행에 "장학금명칭", "전체수석장학생", "장학생–A" 내용 입력합니다.

작업 2 1번 슬라이드 표 "장학생–A" 오른쪽에 열을 삽입하고 1행에 "기타" 내용을 입력합니다.

작업 3 1번 슬라이드 표 2행 1열부터 4행 3열까지 1열 2행으로 셀 분할하고, "비고" 열의 모든 행을 병합합니다.

작업 4 1번 슬라이드 표 1행 높이 1.5Cm, 2행부터 7행까지 높이 2Cm로 지정하고, 표 내용을 가로, 세로 가운데 위치하도록 지정합니다.

작업 5 1번 슬라이드 표에 "보통 스타일 3 강조–2" 스타일을 적용하고, 2행부터 7행까지 셀 입체효과 "부드럽게 둥글리기"를 적용합니다.

작업 6 2번 슬라이드에 "묶은세로막대 – 꺾은선형, 보조축" 콤보형 차트를 삽입합니다.

작업 7 2번 슬라이드 차트에 "차트 레이아웃 5번", "차트 스타일 8번"을 적용하고 색상표에서 "다양한 색상표 3번"을 지정합니다.

작업 8 3번 슬라이드 차트에 "김지현, 300000, 270000" 자료를 추가합니다. 범례위치를 위쪽으로 변경합니다.

작업 9 3번 슬라이드 차트 "기본요금" 계열에 "데이터 설명선" 레이블을 추가하고, "부가요금" 계열에 2차 다항식추세선 2구간 앞으로 추가합니다.

작업 10 4번 슬라이드에 "연속 화살표 프로세스형" SmartArt 그래픽을 삽입하고 "축구, 야구, 농구" 텍스트를 입력하고, "광택" 처리 스타일을 적용하고 "색상형–강조색 3 또는 4" 색 변경을 지정합니다.

작업 11 4번 슬라이드 SmartArt 그래픽 3번째에 "배구" 텍스트를 추가하고 SmartArt 그래픽를 좌우로 회전합니다.

작업 12 4번 슬라이드 SmartArt 그래픽을 "상향 화살표형"으로 변경합니다.

작업 13 5번 슬라이드의 글머리 기호 목록을 "과녁 목록형" SmartArt 그래픽으로 변경하고 "네트워크 구축 및 활용 배우기" 도형을 처음으로 이동합니다.

작업 14 1번 슬라이드에 "샘플오디오.MP3" 오디오 파일을 삽입합니다. 삽입된 오디오 아이콘을 오른쪽 상단으로 이동하고, 자동으로 재생되고 볼륨은 중간, 슬라이드쇼 중간에 아이콘 숨기기를 적용합니다.

작업 15 6번 슬라이드에 "샘플동영상.MP4"를 삽입합니다. 삽입된 동영상은 자동으로 실행되고, 슬라이드 쇼동안 반복실행 되도록 설정합니다. 비디오 화면 크기를 가로 세로 비율이 고정된 상태에서 40%로 설정하고 적당한 위치로 이동합니다.

작업 1

1. 1번 슬라이드 표 "장학생–A" 열 선택 [표 도구]–[레이아웃]–[행 및 열]–[오른쪽에 삽입]명령 선택합니다. 삽입된 열의 첫 행에 "기타" 입력합니다.

2. 삽입된 표의 1행의 각 열에 문제에서 제시된 내용 입력합니다.

작업 2

1. 1번 슬라이드 표 "장학생–A" 열 선택 [표 도구]–[레이아웃]–[행 및 열]–[오른쪽에 삽입]명령 선택합니다. 삽입된 열의 첫 행에 " 기타" 입력합니다.

작업 3

1. 1번 슬라이드 표 2행1열부터 4행 3열까지 범위 설정 [표 도구]–[레이아웃]–[병합]–[셀 분할]명령 선택합니다. [셀 분할]대화상자에 "열:1 행:2" 지정하고 [확인]선택합니다.

2. "비고"가 입력된 열 2행부터 범위 설정 [표 도구]–[레이아웃]–[병합]–[셀 병합]명령 선택합니다.

작업 4

1. 1번 슬라이드 표 1행을 선택 [표 도구]–[레이아웃]–[셀 크기]–[행 높이]에 1.5Cm를 지정합니다. 2행부터 나머지 행 전체를 범위로 설정하고 [표 도구]–[레이아웃]–[셀 크기]–[행 높이]에 2Cm를 지정합니다.

2. 표 전체를 선택 [표 도구]–[레이아웃]–[맞춤]명령 선택 "가로 가운데, 세로 가운데"를 적용합니다.

작업 5

1. 1번 슬라이드 표 전체를 선택 [표 도구]–[디자인]–[표 스타일]–"보통 스타일 3 강조 2" 스타일 선택합니다.

2. 표의 2행부터 7행까지 전체 범위 설정 [표 도구]–[디자인]–[표 스타일]–[효과]–[셀 입체 효과]–[부드럽게 둥글리기]명령 선택합니다.

작업 6

1. 2번 슬라이드 개체 틀에서 "차트삽입" 선택합니다. [차트 삽입]대화상자 [모든 차트]–[콤보형]–[묶은 세로 막대–꺾은선형, 보조 축] 선택합니다.

작업 7

1. 2번 슬라이드 차트 선택 [차트 도구]–[디자인]–[차트 레이아웃]–[빠른 레이아웃]–[레이아웃 5]선택합니다.

2. 2번 슬라이드 차트 선택 [차트 도구]–[디자인]–[차트 스타일]–[스타일 8]선택합니다.

3. 2번 슬라이드 차트 선택 [차트 도구]–[디자인]–[차트 스타일]–[색 변경]–[다양한 색상표 3]선택합니다.

실전 적용 모의고사 3회 - 작업 과정 해설

작업 8

1. 3번 슬라이드 차트 선택 [차트 도구]–[디자인]–[데이터]–[데이터 편집]–[데이터 편집]명령 선택합니다. 데이터를 입력하는 엑셀시트 아래쪽에 "김지현, 300000, 270000" 입력하고 엑셀 시트창 종료합니다.

2. 차트 범례 선택 [마우스 오른쪽 버튼]–[범례 서식]명령 선택합니다.

3. 범례 서식 작업창 "범례 위치: 위쪽" 선택합니다.

작업 9

1. 3번 슬라이드 차트의 "기본요금" 계열 선택 [마우스 오른쪽 버튼]–[데이터 레이블 추가]–[데이터 설명선 추가]선택 합니다.

2. "부가요금" 계열 선택 [차트 도구]–[디자인]–[차트 레이아웃]–[차트 요소 추가]–[추세선]–[기타 추세선 옵션]명령 선택합니다. [추세선 서식]작업창에서 "추세선 옵션: 다항식 차수:2, 앞으로 구간:2" 지정합니다.

작업 10

1. 4번 슬라이드 개체 틀에서 "SmartArt 그래픽 삽입" 명령 선택합니다. [SmartArt 그래픽 선택]대화상자 [프로세스형]–[연속 화살표 프로세스형]선택합니다. 삽입된 SmartArt 텍스트 입력창에 "축구", "야구", "농구" 텍스트를 입력합니다.

2. SmartArt 그래픽 선택 [SmartArt 도구]–[디자인]–[SmartArt 스타일]–[3차원]–[광택 처리]지정 합니다.

3. SmartArt 그래픽 선택 [SmartArt 도구]–[디자인]–[SmartArt 스타일]–[색 변경]–[색상형–강조색 3 또는 4]지정 합니다.

※ SmartArt 그래픽 텍스트상자 입력란에서 텍스트를 입력할 때 Enter키를 사용하면 도형이 추가됩니다.
※ SmartArt 그래픽 텍스트상자 입력란에서 도형을 삭제할 때는 Delete키를 사용합니다.

작업 11

1. 4번 슬라이드 SmartArt 그래픽 선택 [텍스트 입력]상자를 펼치고 "야구" 텍스트에서 Enter키를 입력하면 도형이 추가됩니다. 추가된 도형에 "배구"를 입력합니다.

작업 12

1. 4번 슬라이드 SmartArt 그래픽 선택 [SmartArt 도구]–[레이아웃]–[기타 레이아웃]–[프로세스형]–[상향 화살표형]선택 합니다.

작업 13

1. 5번 슬라이드 글머리 기호 단락 선택 [홈]–[단락]–[SmartArt 그래픽으로 변환]–[기타 SmartArt 그래픽]–[SmartArt 그래픽 선택]–[목록형]–[과녁 목록형]선택 합니다.

2. "네트워크 구축 및 활용 배우기" 도형 선택 [SmartArt 도구]–[디자인]–[그래픽 만들기]–[위로 이동]명령을 클릭해서 도형 위치를 지정합니다.

작업 14

1. 1번 슬라이드 선택 [삽입]–[미디어]–[오디오]–[내 PC의 오디오]선택 지정된 경로에서 "샘플오디오.MP3" 파일 선택합니다.

2. 삽입된 오디오 아이콘 선택 [오디오 도구]–[재생]–[오디오 옵션]탭에서 "시작: 자동실행, 볼륨: 중간, 쇼동안 숨기기" 선택합니다.

작업 15

1. 6번 슬라이드 개체 틀에서 "비디오 삽입" 선택 합니다. [비디오 삽입]대화상자에서 문제에서 제시된 경로를 지정하고 "샘플동영상.MP4" 파일 선택합니다.

2. 비디오 선택 [비디오 도구]–[재생]–[비디오 옵션]탭에서 "시작: 자동실행, 반복재생" 선택합니다.

3. 비디오 선택 [마우스 오른쪽 버튼]–[크기 및 위치]선택 합니다. [비디오 형식 지정]대화상자 [크기 및 속성] 탭 "가로 세로 비율 고정 선택, 너비/높이 조절에 40%" 지정합니다. 크기가 조절된 비디오 창을 적당한 위치로 이동합니다.

Power

전환 및
애니메이션 적용

프레젠테이션 발표에서 진행의 효율성 향상 및 청중들의 집중도
를 높이기 위해 슬라이드 전환 효과 및 효과음을 적용하는 방법
및 효과 옵션을 수정하는 방법을 살펴보고 슬라이드에 있는 개체
에 애니메이션 효과를 적용하고 다양한 옵션을 설정 및 수정하는
방법을 살펴보도록 합니다.

슬라이드 전환 적용

● PowerPoint ●

SECTION 1

◉ 예 제 파 일　전환.pptx
핵심 키워드　전환 효과, 효과 옵션

❶ 전환 효과 : 선택 슬라이드에 전환 효과를 지정합니다.
❷ 효과 옵션 : 적용된 전환 효과에 변형 작업을 합니다.

작업 1 "전환.pptx" 문서 1번 슬라이드에 "실선무늬" 전환 효과를 적용하고 "가로 방향" 전환 옵션을 지정합니다.

해결

1. 1번 슬라이드 선택 [전환]–[슬라이드 화면 전환]–[실선무늬 효과] 지정합니다.

2. 1번 슬라이드 선택 [전환]–[슬라이드 화면 전환]–[효과 옵션]–[가로 방향] 지정합니다.

3. 결과 확인 후 문서 [저장]합니다.

※ 화면 전환 효과는 미리보기나 슬라이드 쇼를 통해서 확인 가능합니다.

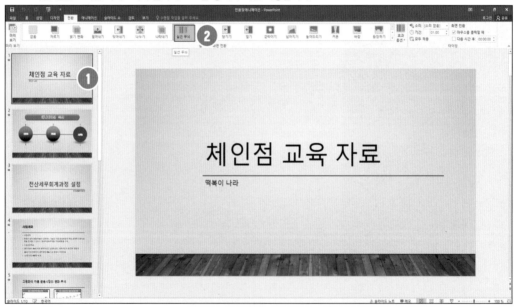

해결

1. 2번 ~ 9번 슬라이드 선택 [전환]-[슬라이드 화면 전환]-[커튼 효과] 지정합니다.

2. 2번 ~ 9번 슬라이드 선택 [전환]-[타이밍]-[소리]-[박수] 지정합니다.

3. 결화 확인 후 문서 [저장]합니다.

※ 여러 슬라이드를 선택할 때 "Shift"키를 누른 상태에서 선택합니다.

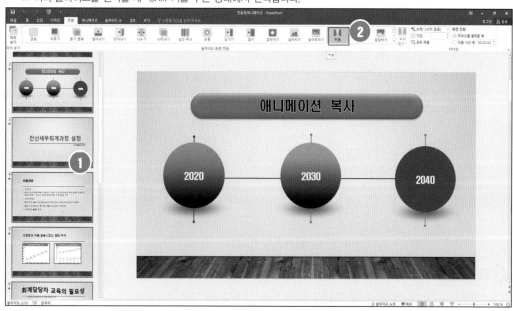

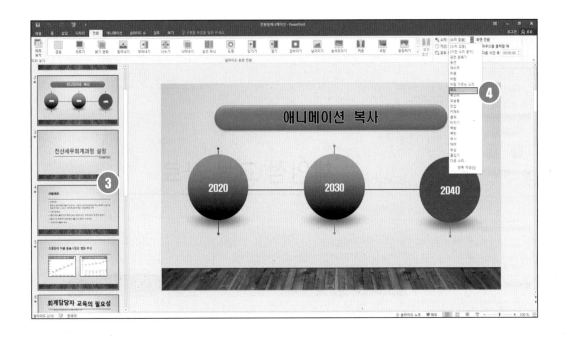

① 선택한 슬라이드에 화면 전환 효과를 적용하고 전환 효과 옵션 지정 과정을 정확히 학습합니다.

SECTION

2

• PowerPoint •

슬라이드 내용에
애니메이션 효과 주기

◉ 예 제 파 일   애니메이션.pptx
핵심 키워드   애니메이션 적용, 효과 옵션, 애니메이션 추가, 애니메이션 복사

❶ **애니메이션 적용** : 슬라이드 개체에 애니메이션 효과를 지정합니다.

❷ **애니메이션 효과 옵션** : 지정 애니메이션에 대한 변형 작업을 합니다.

❸ **애니메이션 추가** : 애니메이션이 적용된 개체에 다른 애니메이션 효과를 추가합니다.

❹ **애니메이션 복사** : 개체에 적용된 애니메이션 효과를 다른 개체에 복사 적용합니다.

작업 1 "애니메이션.pptx" 문서 5번 슬라이드 2개 그림에 "나누기" 애니메이션을 적용하고 "세로 안쪽으로"
효과 옵션을 지정합니다.

해결

1. 5번 슬라이드 2개 그림 선택 [애니메이션]-[애니메이션]-[나누기 효과] 지정합니다.

2. 5번 슬라이드 2개 그림 선택 [애니메이션]-[애니메이션]-[효과 옵션]-[세로 안쪽으로] 지정합니다.

3. 결과 확인 후 문서 [저장]합니다.

※ 애니메이션 효과는 미리보기나 슬라이드 쇼에서 확인 가능합니다.

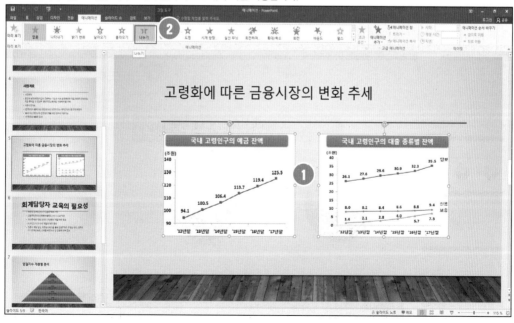

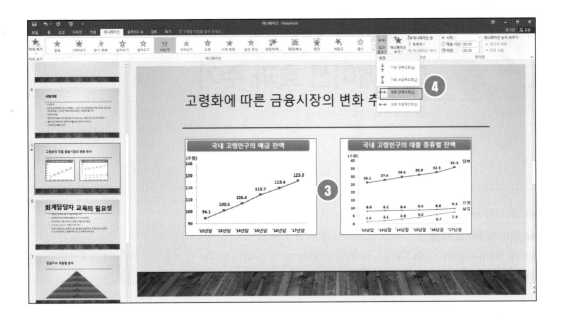

작업 2 "애니메이션.pptx" 문서 2번 슬라이드 "2020" 도형 애니메이션 효과를 "2030", "2040" 도형에 복사합니다.

해결

1. 2번 슬라이드 "2020" 도형 선택 [애니메이션]–[고급 애니메이션]–[애니메이션 복사]명령 더블 클릭합니다.
2. 2번 슬라이드 "2030", "2040" 도형을 순서대로 클릭합니다.
3. [애니메이션 복사]명령 클릭 [애니메이션 복사] 종료합니다.
4. 결과 확인 후 문서 [저장]합니다.
   ※ [애니메이션 복사] 명령 한 번 클릭하면 한 번만 붙여넣기 가능
   ※ [애니메이션 복사] 명령 두 번 클릭하면 여러 번 붙여넣기 가능

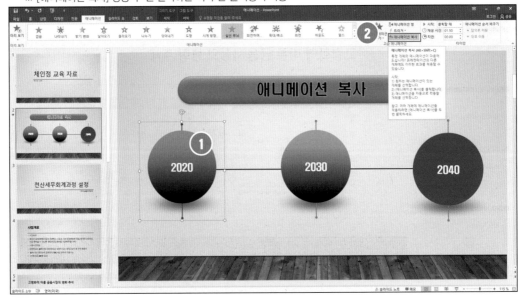

작업 3 "애니메이션.pptx" 문서 8번 슬라이드 그림에 "흔들기" 강조 애니메이션을 추가합니다.

해결

1. 8번 슬라이드 그림 선택 [애니메이션]-[고급 애니메이션]-[애니메이션 추가]-[강조]-[흔들기 효과] 지정합니다.

2. 결과 확인 후 문서 [저장]합니다.

※ 애니메이션 효과를 추가하면 애니메이션 번호에 새로운 애니메이션 순서를 의미하는 번호가 추가됩니다.

작업 4 "애니메이션.pptx" 문서 7번 슬라이드 SmartArt 도형의 애니메이션에 "개별적 으로" 효과 옵션을
지정합니다.

해결

1. 7번 슬라이드 SmartArt 선택 [애니메이션]–[애니메이션]–[효과 옵션]–[개별적으로] 지정합니다.
2. 결과 확인 후 문서 [저장]합니다.

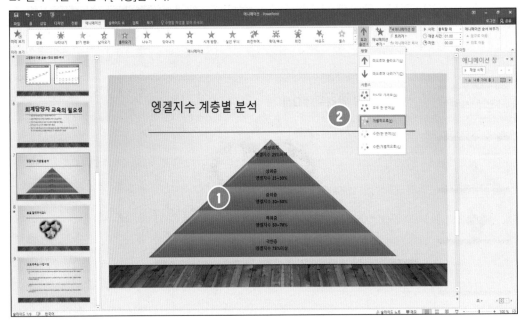

① 개체에 애니메이션 효과 적용 및 효과 옵션 설정 과정을 정확히 학습합니다.
② 애니메이션 복사 과정을 정확히 학습합니다.
③ 개체에 애니메이션 추가 작업 과정을 정확히 학습합니다.

3 전환 및 애니메이션 타이밍 설정

예제 파일 효과설정.pptx
핵심 키워드 전환효과 타이밍, 애니메이션 타이밍, 애니메이션 순서변경, 애니메이션 제거, 애니메이션 트리거

❶ **전환 효과 타이밍** : 슬라이드 전환 효과 시작방법, 효과 지속 시간, 효과음 등을 지정합니다.

❷ **애니메이션 타이밍** : 애니메이션의 시작방법, 재생시간, 지연시간, 효과음 등을 지정합니다.

❸ **애니메이션 제거** : 개체에 설정된 애니메이션 효과를 삭제합니다.

❹ **애니메이션 순서변경** : 개체에 설정된 애니메이션 효과 발생 순서를 변경합니다.

❺ **애니메이션 트리거** : 개체에 설정된 애니메이션 효과를 특정 개체를 클릭하면 시작하도록 지정합니다.

작업 1 "효과설정.pptx" 문서 1번~9번 슬라이드 전환효과가 2초 동안 지속되고, 3초 이후에 자동 실행되도록 하고, "바람" 소리를 지정합니다.

해결

1. 1번~9번 슬라이드 선택 [전환]-[타이밍]그룹에서 기간 "2초", 다음 시간 후 "3초", 소리 "박수"를 지정합니다.

2. 결과 확인 후 문서 [저장]합니다.

  ※ 여러 슬라이드를 선택할 때는 "Shift"키를 누른 상태에서 선택합니다.

  ※ [전환]-[타이밍]설정 기능

  1. 기간: 화면 전환 효과가 지속되는 시간

  2. 다음 시간 후: 이전 슬라이드 전환 효과 이후 대기 시간

  ※ 애니메이션 시작 방법

  1. 클릭 할 때: 발표자가 클릭할 때 마다 애니메이션이 지정 순서대로 발생합니다.

  2. 이전 효과와 함께: 한 번 클릭이나 지정된 시간에 동시에 여러 개의 애니메이션이 발생합니다.

  3. 이전 효과 다음에: 하나의 애니메이션이 발생하고 다음 순서의 애니메이션이 발생합니다.

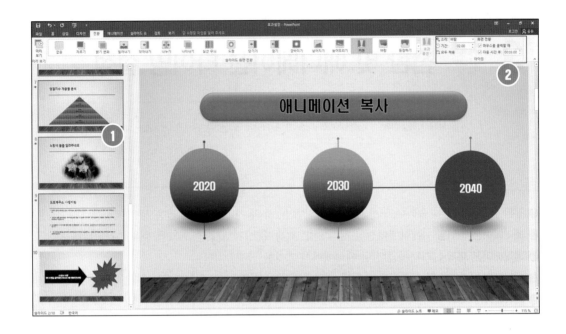

작업 2 "효과설정.pptx" 문서 11번 슬라이드 "회사개요" 도형의 애니메이션 순서를 1번으로 지정합니다.

해결

1. 11번 슬라이드 "회사개요" 도형 선택 [애니메이션]–[고급 애니메이션]–[애니메이션 창]명령 선택합니다.
2. [애니메이션]작업창 애니메이션 이동 단추를 이용해서 "회사개요" 도형의 애니메이션 순서를 지정합니다.
3. 결과 확인 후 문서 [저장]합니다.

　※ 애니메이션 작업창 애이메이션 표시화면은 오피스 버전에따라 다르게 표시될 수 있습니다.

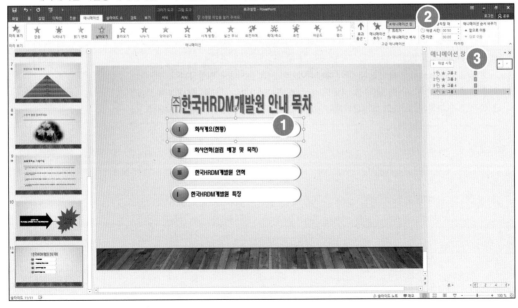

작업 3 "효과설정.pptx" 문서 10번 슬라이드 오른쪽 화살표 도형을 선택하면 "폭발2" 도형 애니메이션이 시작되도록 지정합니다.

해결

1. 10번 슬라이드 "폭발2" 도형 선택 [애니메이션]–[고급 애니메이션]–[트리거]–[오른쪽 화살표] 선택합니다.

2. 결과 확인 후 문서 [저장]합니다.

 ※ 트리거: 애니메이션의 특별한 시작 방법(특정도형, 미디어의 시간)을 지정하는 기능입니다.

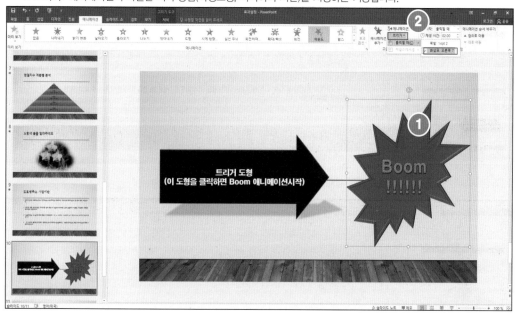

작업 4 "효과설정.pptx" 문서 9번 슬라이드 "우리가~~"로 시작하는 문단에 왼쪽에서 날아오기 애니메이션을 지정합니다. 이전 효과와 함께 시작하고, 2초 동안 발생하도록 합니다. 이하 모든 문단은 3초가 지난 후 왼쪽에서 날아오기 애니메이션이 2초 동안 발생하도록 지정합니다.

해결

1. 9번 슬라이드 "우리가~~~"로 시작하는 문단 선택 [애니메이션]–[애니메이션]–[날아오기]지정, [효과 옵션]– [왼쪽에서]선택합니다.

2. 작업 대상 문단 선택 [타이밍]그룹 "시작 방법: 이전 효과와 함께, 재생시간: 2초"로 지정합니다.

3. 9번 슬라이드 나머지 문단 선택 [애니메이션]–[애니메이션]–[날아오기]지정 [효과 옵션]–[왼쪽에서]선택합니다.

4. [애니메이션]–[타이밍]그룹 "시작 방법: 이전 효과 다음에, 재생 시간: 2초, 지연 시간: 3초" 지정합니다. 이 외의 선택사항은 기본값을 유지합니다.

5. 결과 확인 후 문서 [저장]합니다.

 ※ 애니메이션 시작 방법
 1. 클릭 할 때: 발표자가 클릭할 때 마다 애니메이션이 지정 순서대로 발생합니다.
 2. 이전 효과와 함께: 한 번 클릭이나 지정된 시간에 동시에 여러 개의 애니메이션이 발생합니다.
 3. 이전 효과 다음에: 하나의 애니메이션이 발생하고 다음 순서의 애니메이션이 발생합니다.

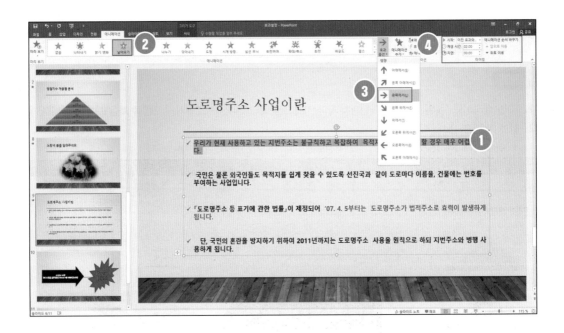

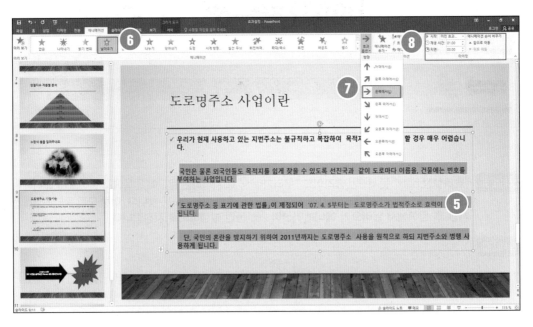

작업 5 "효과설정.pptx" 문서 8번 슬라이드 그룹 개체 애니메이션을 삭제합니다.

해결

1. 8번 슬라이드 그룹 선택 [애니메이션]-[고급 애니메이션]-[애니메이션 창]명령 선택합니다.

2. [작업창] 그룹8 선택 [애니메이션 제거]명령 선택합니다.

3. 결과 확인 후 문서 [저장]합니다.

작업 6 "효과설정.pptx" 문서 2번 슬라이드 3개 도형에 "이전 효과 다음에" 시작방법을 지정하고 2초 동안 발생하고, 3초 지연시간을 지정합니다.

해결

1. 2번 슬라이드 3개 도형 선택 [애니메이션]-[타이밍]그룹 "시작: 이전 효과 다음에, 재생 시간: 2초, 지연: 3초" 옵션을 지정합니다.
2. 결과 확인 후 문서 [저장]합니다.

   ※ 애니메이션 시작 방법
   1. 클릭 할 때: 발표자가 클릭할 때 마다 애니메이션이 지정 순서대로 발생합니다.
   2. 이전 효과와 함께: 한 번 클릭이나 지정된 시간에 동시에 여러 개의 애니메이션이 발생합니다.
   3. 이전 효과 다음에: 하나의 애니메이션이 발생하고 다음 순서의 애니메이션이 발생합니다.

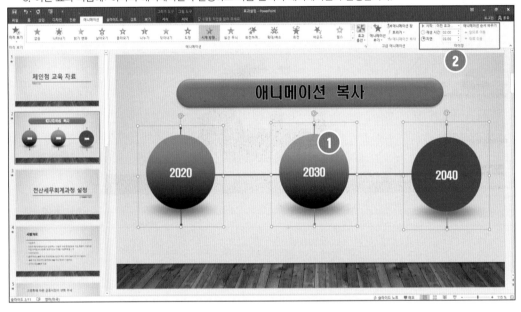

 만점합격 Tip

① 애니메이션 효과 시작방법, 지연시간, 재생시간 설정 작업 과정을 정확히 학습합니다.
② 화면전환 효과 시작방법, 기간, 효과음 설정 작업 과정을 정확히 학습합니다.
③ 개체에 지정된 애니메이션의 삭제 및 발생 순서 변경 작업 과정을 정확히 학습합니다.

작업1 7번 슬라이드 "인공지능"에 설정된 애니메이션 효과를 "생명과학", "드론+로봇" 도형에 복사합니다.

작업2 1번 슬라이드에는 "실선 무늬" 전환 효과가 가로 방향으로 발생하도록 지정하고, 2번부터 6번 슬라이드에는 "밀어내기" 전환 효과가 "왼쪽에서" 발생하도록 지정합니다.

작업3 3번 슬라이드의 왼쪽 그림에는 시계방향 애니메이션, 살3 효과 옵션을 지정하고, 오른쪽 그림에는 "회전하며" 애니메이션 효과가 이전 효과가 발생하고 2초 이후에 3초 동안 지속되도록 설정합니다.

작업4 1번 슬라이드 차트에 설정된 애니메이션을 삭제합니다.

작업5 2번 슬라이드 글머리 기호 목록 중 "경기북부지역의~~~~"로 시작하는 단락부터 모든 단락 범위 설정합니다.

작업6 6번 슬라이드 그림에 "회전하며" 애니메이션 효과를 추가합니다.

작업7 5번 슬라이드 "Smile" 도형 애니메이션이 "트리거 도형1(줄무늬가 있는 오른쪽 화살표 3)"을 클릭하면 발생하도록 트리거를 지정합니다.

작업8 4번 슬라이드 동영상이 이전효과 다음에 재생되도록 애니메이션을 지정합니다.

작업9 8번 슬라이드 "Part I : ~~~" 도형의 애니메이션 발생 순서를 맨 처음으로 지정합니다.

작업10 5번 슬라이드 "Smile" 도형 애니메이션 효과가 "오른쪽"으로 이동하도록 수정합니다.

실전 적응 모의고사 4회 - 작업 과정 해설

작업1

1. 7번 슬라이드 "인공지능" 도형 선택하고 [애니메이션]-[고급 애니메이션]-[애니메이션 복사]명령 더블클릭합니다.
2. 애니메이션복사가 적용된 상태에서 "생명과학", "드론+로봇" 도형을 순서대로 클릭하면서 애니메이션을 복사합니다.
3. [에니메이션]-[고급 애니메이션]-[애니메이션 복사]명령을 클릭해서 애니메이션 복사를 취소합니다.
4. 결과 확인 후 문서 [저장]합니다.

   ※ 애니메이션 효과는 [애니메이션]-[미리보기]-[미리보기]명령으로 확인합니다.

작업 2

1. [슬라이드 목록창] 1번 슬라이드 선택 [전환]-[슬라이드 화면 전환]-[실선 무늬]효과 선택하고, [효과옵션]-[가로]를 지정합니다.
2. [슬라이드 목록창] 2번부터 6번 슬라이드 선택 [전환]-[슬라이드 화면 전환]-[밀어내기]효과 선택하고, [효과옵션]-[왼쪽에서]를 지정합니다.
3. 결과 확인 후 문서 [저장]합니다.

   ※ 화면 전환 효과는 [전환]-[미리보기]-[미리보기]명령으로 확인합니다.

작업 3

1. 3번 슬라이드 왼쪽 그림 선택 [애니메이션]-[애니메이션]-[시계방향] 선택하고, [효과옵션]-[살 3개]를 지정합니다.
2. 3번 슬라이드 오른쪽그림 선택 [애니메이션]-[애니메이션]-[회전하며] 선택하고, [애니메이션]-[타이밍]그룹에서 "시작 : 이전 효과 다음에, 재생시간 : 3초, 지연 : 2초"로 설정합니다.
3. 결과 확인 후 문서 [저장]합니다.

작업 4

1. 1번 슬라이드 차트선택 [애니메이션]-[고급 애니메이션]-[애니메이션 창]명령 선택합니다.
2. 오른쪽 [작업창]의 "내용 개체틀" 선택하고 목록 표시 버튼에서 "제거"를 선택합니다.

작업 5

1. 2번 슬라이드 글머리 기호 목록 중 "지역(경기북부,서울)~~~~" 단락 범위 설정 [애니메이션]-[애니메이션]-[날아오기]효과 적용, [효과옵션]-[왼쪽에서] 지정합니다.
2. [애니메이션]-[타이밍]-[시작]-[이전효과와 함께]을 선택합니다.
3. 2번 슬라이드 글머리 기호 목록 중 "경기북부지역의~~~~"로 시작하는 단락부터 모든 단락 범위 설정 애니메이션-[애니메이션]-[날아오기]효과 적용, [효과옵션]-[왼쪽에서] 지정합니다.

4. [애니메이션]–[애니메이션]–[날아오기]효과 적용, [효과옵션]–[왼쪽에서]지정합니다.

5. [애니메이션]–[타이밍]–[시작]–[재생시간]을 "3초"로 지정합니다.

작업 6

1. 6번 슬라이드 그림 선택 [애니메이션]–[고급 애니메이션]–[애니메이션 추가]–[회전하며]효과 추가합니다.

작업 7

1. 5번 슬라이드 "Smile" 도형 선택 [애니메이션]–[고급 애니메이션]–[트리거]–[도형1(줄무늬가 있는 오른쪽 화살표 3)] 선택합니다.

작업 8

1. 4번 슬라이드 동영상 선택 [애니메이션]–[애니메이션]–[재생]효과 적용합니다.

2. [애니메이션]–[타이밍]–[시작]–[이전효과 다음에] 지정합니다.

작업 9

1. 8번 슬라이드 "Part I : ~~~" 도형 선택 [애니메이션]–[고급 애니메이션]–[애니메이션 창]명령 선택합니다.

2. 오른쪽 작업창 "Part I :~~~" 도형 선택, 애니메이션 이동 단추를 사용해서 맨 처음으로 발생 순서를 지정합니다.

작업 10

1. 5번 슬라이드 "Smile" 도형 선택 [애니메이션]–[애니메이션]–[효과 옵션]–[오른쪽]효과 선택합니다.

CHAPTER

05

여러 프레젠테이션 관리

작성된 프레젠테이션을 편집본과 비교하여 수정된 부분을 적용하고, 프레젠테이션 편집 중에 필요한 주석등을 지정하는 메모를 사용하는 기능에 대해 살펴보고, 프레젠테이션을 구성하는 내용에 대해 맞춤법 검사 및 문제점을 검사하고 해결하는 기능에 대해 살펴보도록 합니다. 완성된 프레젠테이션 파일을 관리하는 방법에 대해 알아보도록 합니다.

| Section 1 | 여러 프레젠테이션 내용 병합
| Section 2 | 프레젠테이션 완성

여러 프레젠테이션 내용 병합

◉ 예 제 파 일   엥겔지수_작성.pptx
핵심 키워드   프레젠테이션 비교 및 병합, 메모

❶ **프레젠테이션 비교** : 프레젠테이션 원본과 편집 파일의 내용을 비교하고 적용 여부를 지정합니다.
❷ **메모 관리** : 프레젠테이션 파일에 메모 삽입, 삭제, 회신등의 작업을 지정합니다.

작업 1 "엥겔지수.pptx" 문서와 "엥겔지수_편집.pptx" 문서를 비교하여 변경된 내용을 모두 적용합니다.

💡 **해결**

1. [검토]–[비교]–[비교]명령 선택하고 [비교]대화상자에서 "엥겔지수_편집"을 병합할 파일로 선택합니다.
2. [검토]–[비교]–[적용]–[프레젠테이션의 모든 변경 내용 적용]명령 선택합니다.
3. 결과 확인 후 문서 [저장]합니다.

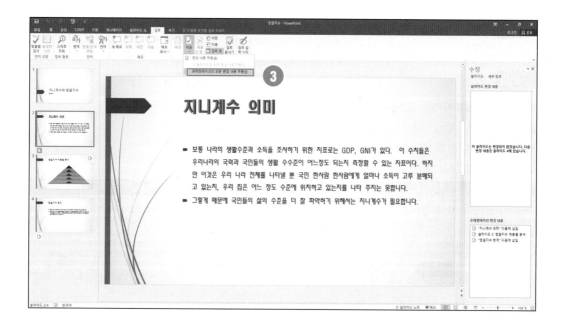

지니계수 의미

➤ 보통 나라의 생활수준과 소득을 조사하기 위한 지표로는 GDP, GNI가 있다. 이 수치들은 우리나라의 국력과 국민들의 생활 수수준이 어느정도 되는지 측정할 수 있는 지표이다. 하지만 이것은 우리 나라 전체를 나타낼 분 국민 한사람 한사람에게 얼마나 소득이 고루 분배되고 있는지, 우리 집은 어느 정도 수준에 위치하고 있는지를 나타 주지는 못합니다.

➤ 그렇게 때문에 국민들의 삶의 수준을 더 잘 파악하기 위해서는 지니계수가 필요합니다.

작업 2 "엥겔지수.pptx" 문서 1번 슬라이드의 메모를 삭제합니다.

🔎 해결

1. [슬라이드 목록창] 1번 슬라이드 선택 [검토]–[메모]–[삭제]–[현재 슬라이드에 있는 모든 메모 및 잉크 삭제]명령 선택합니다.

2. 결과 확인 후 문서 [저장]합니다.

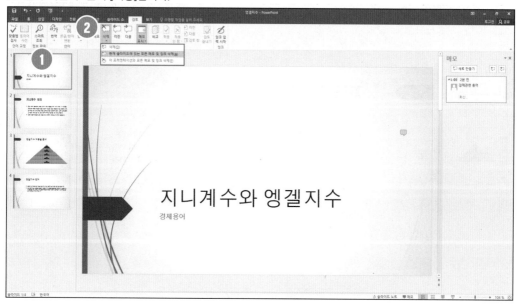

작업 2 "엥겔지수.pptx" 문서 2번 슬라이드 "GNI" 텍스트 위에 "GNI : 국민 총 소득" 내용의 메모를 삽입합니다.

해결

1. [슬라이드 목록창] 2번 슬라이드 선택 [검토]–[메모]–[새 메모]명령 선택합니다.
2. [메모 작업창] "GNI : 국민 총 소득" 메모 내용 입력합니다.
3. 2번 슬라이드 왼쪽 상단에 메모 도형을 "GNI" 텍스트 위로 드래그 이동합니다.
4. 결과 확인 후 문서 [저장]합니다.

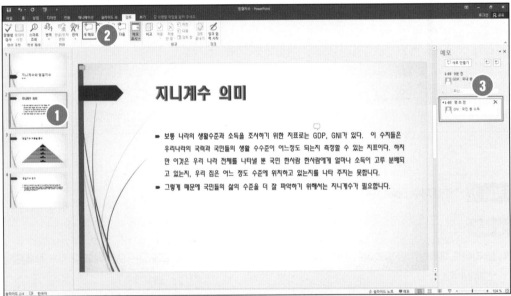

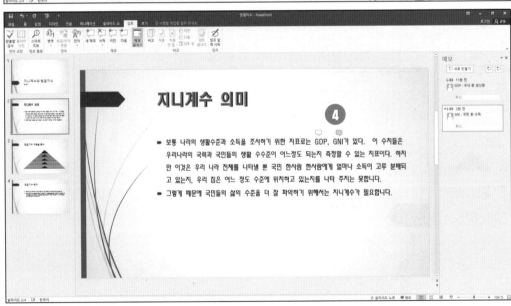

작업 3 "엥겔지수.pptx" 문서 3번 슬라이드 "엥겔지수 분석" 메모에 "지니계수 분석 추가 예정"으로 회신합니다.

해결

1. 3번 슬라이드 메모 선택 [작업창]–[메모 회신] 회신 내용 입력합니다.

2. 결과 확인 후 문서 [저장]합니다.

　※ 오피스 버전에 따라 메모 관련 명령어은 다르게 표시될 수 있습니다.

　※ 메모 선택 [마우스 오른쪽 버튼]–[메모 회신]명령 선택합니다.

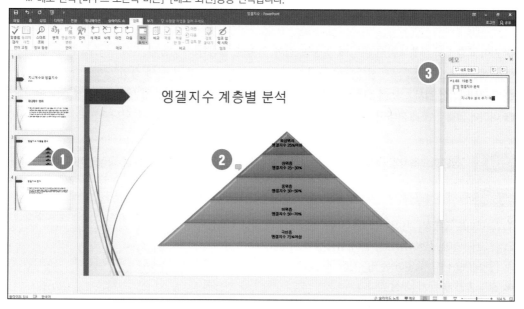

만점합격Tip

① 프레젠테이션 비교 및 병합 작업 과정을 정확히 학습합니다.

② 메모 삽입, 삭제, 회신, 완료 작업 과정을 정확히 학습합니다.

2 프레젠테이션 완성

예 제 파 일   장년층교육사업.pptx
핵심 키워드   언어교정, 프레젠테이션 보호, 프레젠테이션 검사, 미디어 압축

❶ **언어 교정** : 프레젠테이션 파일에 맞춤법 검사 언어를 설정하고 맞춤법 검사 작업을 합니다.

❷ **프레젠테이션 보호** : 프레젠테이션 파일에 암호 설정, 최종본 표시 등의 작업을 합니다.

❸ **프레젠테이션 검사** : 프레젠테이션 파일의 개인 정보, 메모, 외부 내용에 대한 검사 작업을 합니다.

❹ **미디어 압축** : 프레젠테이션 파일에 삽입된 미디어 파일에 압축 작업을 합니다.

작업 1 "장년층교육사업.pptx" 문서 2번 슬라이드 "사업개요"에 "독일어(독일)"를 교정언어에 추가합니다.

해결

1. [슬라이드 목록창] 2번 슬라이드 선택, "사업개요" 범위로 설정합니다.

2. [검토]–[언어]–[언어]–[교정 언어 설정]명령 선택합니다.

3. [언어]대화상자 "독일어(독일)" 지정 [확인]선택합니다.

4. 결과 확인 후 문서 [저장]합니다.

※ 추가된 교정 언어가 [언어]대화상자 상단에 표시됩니다.

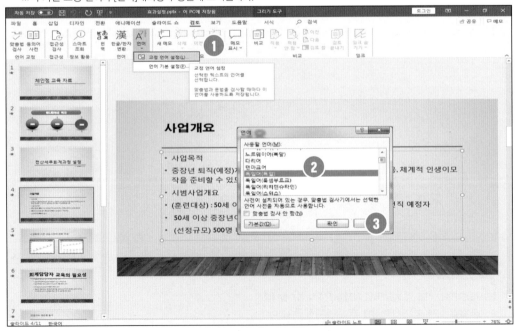

작업 2 "장년층교육사업.pptx" 문서에 맞춤법 검사를 실행합니다. 추천 단어 중 "인생이모작을"은 "인생이모작을", "지원체게를"은 "지원체계를"로 변경합니다. 나머지 값은 기본값으로 유지합니다.

💡해결

1. [슬라이드 목록창] 1번 슬라이드 선택 [검토]–[언어 교정]–[맞춤법 검사]명령 선택합니다.

2. [맞춤법 검사]작업창 문제에서 제시된 단어만 변경하고 이외 모든 단어는 건너띄기 합니다.

3. 결과 확인 후 문서 [저장]합니다.

    ※ 맞춤법 거사를 실행할 때는 1번 슬라이드를 선택하고 작업합니다.
    ※ 맞춤법 검사를 다시 실행 할 때는 "[파일]–[옵션]–[PowerPoint 옵션]–[언어교정] 문서 다시 검사" 선택합니다.

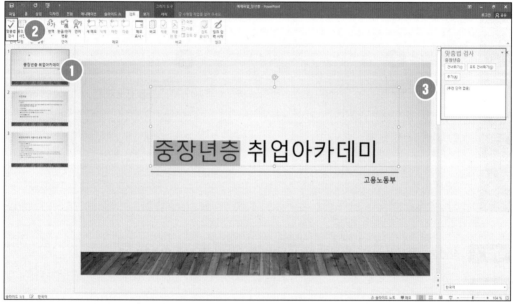

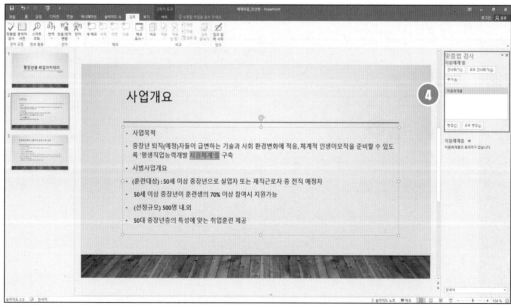

작업 3 "장년층교육사업.pptx" 문서에 호환성 검사를 실행합니다.

해결

1. [파일]–[정보]–[문제 확인]–[호환성 검사]명령 선택합니다.
2. [호환성 검사]대화상자에서 [확인]단추 선택합니다.
3. 결과 확인 후 문서 [저장]합니다.

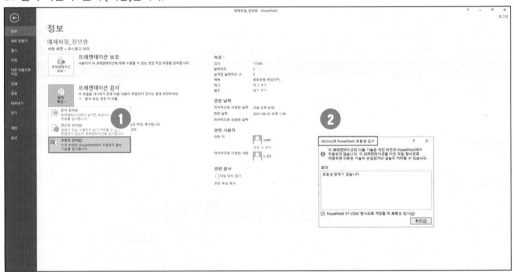

작업 4 "장년층교육사업.pptx" 문서의 미디어 파일을 인터넷 품질로 압축합니다.

해결

1. [파일]–[정보]–[미디어 압축]–[인터넷 품질]명령 선택합니다.
2. 결과 확인 후 문서 [저장]합니다.

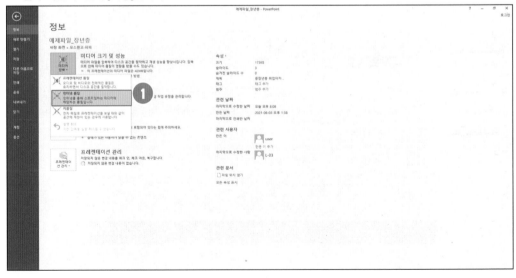

작업 5 "장년층교육사업.pptx" 문서를 최종본으로 표시합니다.

해결

1. [파일]–[정보]–[프레젠테이션 보호]–[최종본으로 표시]명령 선택합니다.
2. 결과 확인 후 문서 [저장]합니다.

※ 문서를 최종본으로 표시하면 읽기전용으로 사용가능합니다.

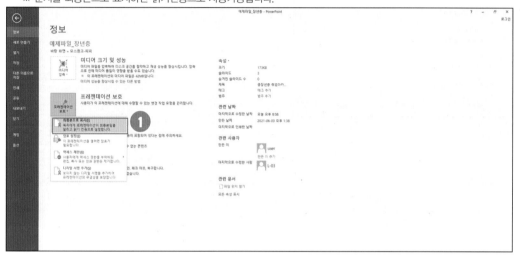

작업 6 "장년층교육사업.pptx" 문서에 포함된 개인 정보를 삭제합니다.

해결

1. [파일]–[정보]–[문제 확인]–[문서 검사]명령 선택합니다.
2. [문서 검사]대화상자 "문서 속성 및 개인 정보" 항목 선택 [검사]선택합니다.
3. [문서 검사]결과 대화상자 "문서 속성 및 개인 정보" 모두 제거 선택 [닫기]합니다.
4. 결과 확인 후 문서 [저장]합니다.

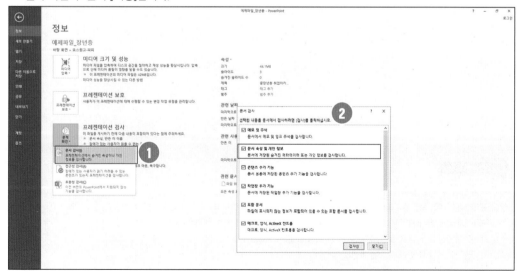

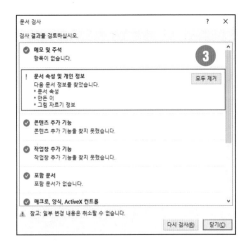

실전 적용 모의고사 5회

| 예제파일 실전적응모의고사-5.pptx

작업 1 2번 슬라이드 그림 위에 "노랑 봄 꽃" 메모를 삽입합니다. 메모 표시를 적절한 위치로 이동합니다.

작업 2 4번 슬라이드 메모에 "실시간 교통정보는 조직위 문의"내용으로 회신합니다.

작업 3 프레젠테이션 파일 미디어를 인터넷 품질로 압축합니다.

작업 4 현재 문서에 맞춤법 검사를 수행하여 "경젱력을" 단어를 "경쟁력을"으로 변경합니다. 이 외 모든 단어는 건너띄기합니다.

작업 5 현재 문서에 글꼴이 포함되도록 저장 옵션을 설정합니다.

작업 6 프레젠테이션 파일에 포함된 개인정보를 모두 제거합니다.

작업 7 현재 문서와 "모의고사5회-편집" 문서를 비교하여 프레젠테이션의 변경내용을 모두 적용하고 저장합니다.

작업 8 1번 슬라이드 메모를 삭제 합니다.

작업 9 3번 슬라이드 "신제품 창안"에 "갈라시아어"를 교정 언어로 추가합니다.

작업 10 프레젠테이션 파일에 "1234" 암호를 설정합니다.

작업 11 현재 프레젠테이션 파일을 최종본으로 표시합니다.

실전 적용 모의고사 5회 – 작업 과정 해설

작업 1

1. 2번 슬라이드 그림 선택 [검토]–[메모]–[새 메모]선택, [메모 서식]작업창에서 "노랑 봄 꽃" 메모 내용 입력합니다.
2. 메모 아이콘을 그림 위쪽으로 이동합니다.
3. 결과 확인 후 문서 [저장]합니다.

작업 2

1. 4번 슬라이드 메모 선택 [마우스 오른쪽 버튼]–[메모 회신]명령을 선택합니다.
2. 오른쪽 작업창 [메모 회신] 항목에 "실시간 교통정보는 조직위 문의"의 회신 내용 입력합니다.
3. 결과 확인 후 문서 [저장]합니다.

작업 3

1. [파일]–[정보]–[미디어 압축]–[인터넷 품질] 선택합니다.

작업 4

1. 1번 슬라이드 선택 [검토]–[언어 교정]–[맞춤법 검사] 명령 선택합니다.
2. "경젱력을"에 대한 추천단어 중 "경쟁력을" 선택하고 "변경하기"를 선택합니다.
3. 나머지 맞춤법 검사에서 제공하는 단어는 건너뛰기하며 맞춤법 검사를 종료합니다.
4. 결과 확인 후 문서 [저장]합니다.

작업 5

1. [파일]–[정보]–[옵션]명령 선택합니다.
2. [파워포인트 옵션]–[저장]에서 "파일의 글꼴 포함" 옵션을 선택 [확인]합니다.
3. 결과 확인 후 문서 [저장]합니다.

작업 6

1. [파일]–[정보]–[문제 확인]–[문서 검사]명령 선택합니다.
2. [문서 검사]대화상자에서 "문서 속성 및 개인 정보" 항목에 선택확인하고 [검사]명령을 선택합니다.
3. [문서 검사 결과]대화상자에서 "문서 속성 및 개인 정보" 항목의 [모두 제거]명령을 선택합니다.
4. 결과 확인 후 문서 [저장]합니다.

작업 7

1. [검토]–[비교]–[비교]대화상자에서 비교 대상 파일에 "모의고사5회–편집" 파일 선택하고 [병합]명령을 선택합니다.

2. [비교]결과 화면에서 [검토]–[비교]–[적용]–[프레젠테이션에 모든 변경 내용 적용]명령을 선택합니다.

3. [파일]–[다른 이름으로 저장]–[저장]선택합니다.

작업 8

1. 1번 슬라이드의 메모를 선택합니다. [마우스 오른쪽 버튼]–[메모 삭제]명령 선택합니다. 또는 [검토]–[메모]–[메모 삭제]명령 선택도 가능합니다.

2. 결과 확인 후 문서 [저장]합니다.

작업 9

1. [슬라이드 목록창] 3번 슬라이드 선택합니다.

2. 슬라이드 제목 개체 "신제품 창안" 범위 설정 [검토]–[언어]–[교정 언어 설정]명령 선택합니다.

3. [언어]대화상자 "갈라시아어" 선택 [확인]합니다.

작업 10

1. [파일]–[정보]–[프레젠테이션 보호]–[암호 설정]명령 선택합니다.

2. [문서 암호화]대화상자에 문제에서 제시된 암호를 입력합니다.

작업 10

1. [파일]–[정보]–[프레젠테이션 보호]–[최종본으로 표시]명령 선택합니다.

2. [최종본 표시]대화상자에서 [확인]단추를 선택합니다.

Microsoft Office Specialist

PowerPoint

PART
2

실전대비
문제풀이

기출유형 모의고사

지금까지 학습한 내용을 활용하여 기출문제와 출제 예상 문제로 작성된 기출유형 문제를 풀어봅니다. 실제 시험과 동일하게 50분 시험시간을 제한하고 주어진 작업을 해결할 수 있도록 합니다. 문제풀이 후 해결 과정 해설과 비교하면서 감점될 수 있는 기능 및 작업과정을 정리할 수 있도록 합니다.

기출유형 모의고사 1회

프로젝트 1

여러분은 신입사원 직무능력 향상을 위한 파워포인트 프로그램 활용 능력 교육 자료를 준비하고 있습니다. 주어진 작업 해결 과정 및 결과를 보고서로 제출해야 합니다.

작업 1 개요가 입력된 4번 슬라이드를 1번 슬라이드 아래쪽으로 이동합니다.

작업 2 슬라이드 유인물 마스터에 머리글 개체 틀을 표시하고 "떡복이나라" 머리글을 입력합니다.

작업 3 3번 슬라이드의 "본사 투자금을~~~, 할부 형식으로~~" 문단은 들여쓰기(수준 늘림)으로 지정하고, "혼합형 제도" 문단은 내어쓰기(수준 줄임)으로 지정합니다. 텍스트 개체의 줄 간격을 1.5로 지정합니다.

작업 4 프레젠테이션 파일에 저장할 때 "파일에 글꼴 포함" 저장 옵션 지정을 지정합니다.

작업 5 슬라이드에 눈금선 및 안내선을 표시하고, 개체를 눈금에 맞춰 이동 할 수 있도록 설정합니다.

프로젝트 2

여러분은 Mos-Master 자격취득을 위한 파워포인트-Core 시험에 응시중입니다. 프로젝트의 해결과정 및 결과를 주어진 시간에 전송해야 합니다.

작업 1 1번 슬라이드에는 기본 그라데이션 채우기를 적용하고, 2번부터 7번 슬라이드에는 편지지 질감을 배경 서식으로 지정합니다.

작업 2 7번 슬라이드에 "묶은세로막대 – 꺾은형"의 콤보형 차트를 삽입하고 차트 스타일 8번을 적용합니다.

작업 3 1번 슬라이드에 "샘플동영상.MP4" 파일을 삽입하고, 가로, 세로 비율이 적용된 상태로 25%로 크기를 조정합니다. 동영상 파일을 슬라이드 왼쪽하단에 위치하도록 지정합니다.

작업 4 현재 프레젠테이션 파일의 미디어 파일을 인터넷 품질로 압축합니다.

작업 5 2번 슬라이드 레이아웃을 "제목 및 내용" 레이아웃으로 변경합니다.

프로젝트 3

여러분은 의뢰인에게 요청받은 다양한 형태의 자료를 분석, 요약하는 작업을 진행합니다. 분석 및 요약 결과를 효과적으로 표현할 수 있는 프레젠테이션 제작해야 합니다.

작업 1 1번 슬라이드 5개 도형 크기를 높이: 2Cm 너비: 12Cm로 지정합니다. "강한 효과 – 검정 어둡게 1" 도형 스타일을 적용하고, "원근감 왼쪽 아래 그림자"를 적용합니다.

작업 2 2번 슬라이드 첫 번째 문단은 이전 효과와 함께 시작하는 "왼쪽으로 날아오기" 애니메이션 효과를 지정하고 나머지 문단은 2초 이후에 3초 동안 효과가 발생하는 왼쪽으로 날아오기 애니메이션 효과를 적용합니다.

작업 3 프레젠테이션의 "거리두기" 구역을 인쇄 범위로 설정합니다.

작업 4 2번 슬라이드 "처서" 텍스트 위에 "24절기" 내용의 새 메모를 삽입합니다.

작업 5 3번 슬라이드 아래에 "24절기.docx" 파일의 내용을 개요로 삽입합니다.

프로젝트 4

여러분은 홍보를 프레젠테이션을 제작하고 있습니다. 홍보 효과를 최대화 하기위한 디자인 작업 및 개체 배치 및 시각적 효과 적용작업을 합니다.

작업 1 슬라이드1, 2, 3, 6번 슬라이드로 구성되는 "한국HRDM" 이름의 쇼를 재구성합니다. 3번 슬라이드를 마지막으로 이동합니다.

작업 2 5번 슬라이드 단락의 글머리 기호를 1. 2. 3. 형식의 글머리 번호로 변경합니다.

작업 3 슬라이드 마스터의 제목 개체틀에 "자주편물" 질감 효과를 적용합니다.

작업 4 2번부터 6번 슬라이드에 "커튼" 화면 전환 효과를 적용합니다. "박수" 소리 효과음과 2초 동안 효과가 나타나도록 설정합니다.

작업 5 프레젠테이션을 복사본 3부, 테두리포함. 용지에 슬라이드2개가 인쇄도록 설정하고, 하나의 복사본 내용이 모두 인쇄하고 다음 복사본이 인쇄도록 설정합니다.

프로젝트 5

여러분은 능력개발원 교육생의 프레젠테이션 디자인 능력 및 개체 효과 적용 테스트 평가 항목을 점검하고 있습니다. 주어진 작업 수행과정에서 발생할 수 있는 문제점을 파악하고 보고서를 제출해야 합니다.

작업1 2번 슬라이드 목차 도형의 세로 간격을 동일하게 조정하고, 왼쪽 맞춤 정렬되도록 지정합니다.

작업2 1번 슬라이드 제목에 "채우기: 황금색, 강조색 4, 부드러운 입체" 워드 아트 스타일을 적용합니다.

작업3 1번 슬라이드 "운영현황" 텍스트에 3번 슬라이드로 이동하는 하이퍼링크를 설정합니다.

작업4 3번 슬라이드 표 "승인인원" 왼쪽에 열을 삽입하고 "승인년도"를 1행에 입력하고, "비고" 열 제목의 2행부터 4행까지는 병합합니다.

작업5 4번 슬라이드에 운영현황.xlsx의 차트를 삽입합니다.

프로젝트 6

여러분은 파워포인트 프로그램의 다양한 기능의 활용 방법을 설명하는 프레젠테이션을 작성하고 있습니다. 주어진 작업을 해결하는데 필요한 기능을 효과적으로 설명할 수 있는 디자인 초안 제안서를 작성해야합니다.

작업1 프레젠테이션 파일에 눈금 및 그리기 안내선을 표시하고 개체를 눈금에 맞춰 이동하도록 설정합니다.

작업2 3번 슬라이드를 숨기기합니다.

작업3 현재 프레젠테이션파일을 "전주정원축제" 이름의 pdf파일로 내보내기 합니다.

작업4 6번 슬라이드에 기본프로세스형 SmartArt 도형을 삽입하고 "전주종합경기장", "노송동일원", "전주시양묘장" 텍스트를 입력합니다. "색상형-강조색, 3차원-벽돌 스타일"을 적용합니다.

작업5 1번 슬라이드에 "샘플오디오.mp3" 오디오를 삽입합니다. 자동으로 시작되게 지정하고, 슬라이드 쇼동안 반복실행되고, 아이콘은 숨겨지도록 설정합니다.

프로젝트 7

여러분은 회원에게 배포할 신제품 설명에 대한 프레젠테이션 제작하고 있습니다. 회원들의 나이 및 특성을 고려해서 콘텐츠의 크기 및 효과 적용을 결정해야 합니다.

작업 1 2번 슬라이드 글머리 기호 단락을 "지그재그 프로세스형" SmartArt도형으로 변경하고, "벽돌 타일" 도형을 아래쪽으로 이동하고 색상형 범위– 강조색 3 또 4 색변경을 지정합니다.

작업 2 3번 슬라이드에 "마감재.png" 그림을 삽입하고, "둥근 대각선 모서리, 흰색" 스타일 지정하고 온도 7200K 색조를 지정합니다.

작업 3 5번 슬라이드 차트에 "항목이름: 항목 4, 4.3, 3.8"의 계열 값을 추가합니다.

작업 4 4번 슬라이드 도형제목과 그림을 각 각 별도로 그룹화합니다.

작업 5 5번 슬라이드 차트 애니메이션에 "항목별" 효과옵션으로 변경하고, "이전효과 다음에", 1초이후, 2초동안 발생하도록 시작방법을 지정합니다.

기출유형 모의고사 2회

프로젝트 1

여러분은 신입사원 직무능력 향상을 위한 파워포인트 프로그램 활용 능력 교육 자료를 준비하고 있습니다. 주어진 작업 해결 과정 및 결과를 보고서로 제출해야 합니다.

작업 1 프레젠테이션을 구성하는 슬라이드 크기를 너비 30Cm, 높이 22Cm의 사용자 지정 크기로 변경합니다. 콘텐츠는 변경된 슬라이드 크기에 맞게 최적화합니다.

작업 2 슬라이드 노트 마스터 머리글에 "솔밭공원" 이 표시되도록 하고, 기본 그라데이션을 채우기 합니다.

작업 3 1번 슬라이드 그림 도형에 네온: 5pt 황금색, 강조색4 효과를 투명도 80%로 적용합니다.

작업 4 7번 슬라이드에 "샘플동영상.mp4" 동영상을 삽입하고, "볼륨은 중간, 비디오 스트리밍 시작시간: 3.50 초 종료시간: 50초"로 지정합니다.

작업 5 4번 슬라이드와 5번 슬라이드 중간에 "공원전경" 이름의 구역을 설정합니다.

프로젝트 2

여러분은 의뢰인에게 요청받은 다양한 형태의 자료를 분석, 요약하는 작업을 진행합니다. 분석 및 요약 결과를 효과적으로 표현할 수 있는 프레젠테이션 제작해야 합니다.

작업 1 2번 슬라이드의 글머리 기호를 "A, B, C" 글머리 번호로 변경합니다.

작업 2 프레젠테이션의 저장 간격을 5분으로 지정하고 기본적으로 컴퓨터에 저장되도록 설정합니다.

작업 3 2번 슬라이드의 "디자인 전략" 텍스트에 "3번 슬라이드"로 이동하는 하이퍼링크를 설정합니다.

작업 4 4번 슬라이드 차트의 "매출액" 계열을 꺾은선형 보조축으로 지정하고 데이터 레이블 설명선을 추가합니다.

작업 5 3번 슬라이드의 "사용자, 소비자" 도형에 "강한효과 – 진한자주, 강조 2" 스타일을 적용합니다.

프로젝트 3

여러분은 Mos-Master 자격취득을 위한 파워포인트-Core 시험에 응시중입니다. 프로젝트의 해결과 정 및 결과를 주어진 시간에 전송해야 합니다.

작업 1 4번 슬라이드 글머리 기호 단락을 "세로 글머리 기호 목록형" SmartArt 그래픽으로 변경하고, SmartArt 그래픽에 "그라데이션 반복-강조 1" 색 변경, "3차원 광택처리" SmartArt 스타일을 적용합니다.

작업 2 2번 슬라이드에서 6번 슬라이드까지 "밀어내기" 화면 전환 효과를 지정하고 "왼쪽에서" 효과 옵션을 설 정합니다.

작업 3 1번 슬라이드 그림에 "솔밭공원소개" 대체 텍스트 제목을 지정합니다.

작업 4 6번 슬라이드 그림 위치를 "가로 위치: 2Cm, 기준: 왼쪽 위 모서리", "세로 위치: 5Cm, 기준: 왼쪽 위 모서리"로 지정합니다.

작업 5 현재 프레젠테이션 파일에 "애니메이션 효과없이 보기, 화면전환: 수동, 펜 색: 진한 빨강"의 슬라이드 쇼 옵션을 설정합니다.

프로젝트 4

여러분은 홍보를 위한 프레젠테이션을 제작하고 있습니다. 홍보 효과를 최대화하기 위한 디자인 작업 및 개체배치 및 시각적 효과 적용 작업을 합니다.

작업 1 2번 슬라이드 표 8행을 셀 병합하고 오른쪽 맞춤합니다. 표 스타일 "중간: 보통 스타일 1 - 강조 2"을 적용하고, 대체 텍스트 제목에 "한국의 섬"을 입력합니다.

작업 2 2번 슬라이드 메모에 "현재 작업 중" 내용으로 회신합니다.

작업 3 3번 슬라이드 그림 도형 순서를 맨 뒤로 이동합니다.

작업 4 현재 프레젠테이션의 "문서 속성 및 개인 정보" 내용을 삭제합니다.

작업 5 4번 슬라이드 그림 도형 애니메이션에 "서서히 아래" 효과 옵션을 설정하고, "강조 펄스" 애니메이션 효과를 추가합니다.

| 기출유형 모의고사 2회 |

프로젝트 5

여러분은 능력개발원 교육생의 프레젠테이션 디자인 능력 및 개체 효과 적용 테스트 평가 항목을 점검하고 있습니다. 주어진 작업 수행 과정에서 발생할 수 있는 문제점을 파악하고 보고서를 제출해야 합니다.

작업 1 프레젠테이션 파일에 맞춤법 검사를 실행합니다. "메인페이지에"추천 단어 중"메인 페이지에"로 변경합니다. 나머지 추천 단어는 건너뛰기 합니다.

작업 2 3번 슬라이드 2개 도형을 "사각형: 빗면"으로 모양 변경합니다.

작업 3 모든 슬라이드에 슬라이드번호, "뷰티상품" 바닥글이 표시되도록 설정합니다. 제목 슬라이드에는 표시되지 않도록 설정합니다.

작업 4 1번 슬라이드 오디오에 페이드 인/페이드 아웃 효과를 1초로 지정합니다.

작업 5 프레젠테이션 파일 속성의 주제에 "웹 사이트 제작"으로 지정합니다.

프로젝트 6

여러분은 파워포인트 프로그램의 다양한 기능의 활용 방법을 설명하는 프레젠테이션을 작성하고 있습니다. 주어진 작업을 해결하는데 필요한 기능을 효과적으로 설명할 수 있는 디자인 초안 제안서를 작성해야 합니다.

작업 1 2번 슬라이드의 글머리 기호 단락의 문자 간격을 좁게 2pt로 지정하고 단락 뒤 간격을 16pt로 지정합니다.

작업 2 프레젠테이션 파일의 미디어 파일을 인터넷 품질로 압축합니다.

작업 3 4번 슬라이드 글머리 기호 단락을 2열로 나누고 간격을 0.5Cm로 지정합니다.

작업 4 1번 슬라이드를 제외한 모든 슬라이드에 "바람" 전환 효과를 지정하고 2초동안 발생하고 3초 이후에 다음 슬라이드로 이동하도록 설정합니다.

작업 5 5번 슬라이드 아래쪽에 "종합정보.pptx" 파일의 2번 슬라이드를 삽입합니다.

프로젝트 7

여러분은 회원에게 배포할 신제품 설명에 대한 프레젠테이션 제작하고 있습니다. 회원들의 나이 및 특성을 고려해서 콘텐츠의 크기 및 효과 적용을 결정해야 합니다.

작업1 1번 슬라이드 "Let's~~" 단락에 "채우기: 흰색, 윤곽선: 빨강, 강조색 2, 진한 그림자: 빨강, 강조색 2" WordArt 스타일을 적용하고, "네온: 18pt, 진한 보라, 강조색1" 네온 효과를 적용합니다.

작업2 유인물 바닥글에 "메가스터디컴퓨터"가 모든 슬라이드에 적용되도록 합니다.

작업3 현재 프레젠테이션 파일에 호환성 검사를 진행합니다.

작업4 프레젠테이션 파일의 3~4번 슬라이드를 한 부가 모두 인쇄되고 다음이 인쇄되는 형식으로 복사본 3부를 인쇄합니다. 슬라이드에 테두리가 인쇄되도록 합니다.

작업5 현재 프레젠테이션을 "메가" 이름으로 테마 저장합니다.

기출유형 모의고사 3회

프로젝트 1

여러분은 신입사원 직무능력 향상을 위한 파워포인트 프로그램 활용 능력 교육 자료를 준비하고 있습니다. 주어진 작업 해결 과정 및 결과를 보고서로 제출해야 합니다.

작업 1 1번 슬라이드 그림도형 위치를 가로 "기준: 왼쪽 위 모서리, 가로 위치: 25Cm", 세로 "기준: 왼쪽 위 모서리 , 세로 위치: 8Cm"로 지정합니다.

작업 2 현재 프레젠테이션 파일의 바닥글 개체를 삭제합니다.

작업 3 3번 슬라이드 메모를 삭제합니다.

작업 4 2번 슬라이드 오른쪽에 "로고-1.png" 그림을 삽입합니다. 그림의 크기를 가로, 세로 비율이 고정된 상태에서 2배(200%)로 지정하고 슬라이드 적당한 위치로 이동합니다.

작업 5 6번 슬라이드의 동영상이 실행되도록 애니메이션 효과를 지정합니다. 비디오 세이프를 둥근 사각형으로 지정합니다.

프로젝트 2

여러분은 의뢰인에게 요청받은 다양한 형태의 자료를 분석, 요약하는 작업을 진행합니다. 분석 및 요약 결과를 효과적으로 표현할 수 있는 프레젠테이션 제작해야 합니다.

작업 1 2번 슬라이드 레이아웃을 콘텐츠 2개로 변경합니다.

작업 2 슬라이드에 눈금선 및 안내선을 표시하고 개체를 눈금에 맞춰 이동하도록 설정합니다.

작업 3 "이용안내" 이름의 슬라이드 쇼를 재구성 합니다. 현재 프레젠테이션의 슬라이드 3번, 4번, 5번 슬라이드로 구성되며, 5번 슬라이드를 맨 처음에 위치하도록 합니다.

작업 4 4번 슬라이드의 "전경1" 도형의 애니메이션을 첫 번째 발생하도록 순서를 변경합니다.

작업 5 5번 슬라이드 아래쪽에 광나루.docx의 내용을 개요 삽입합니다.

프로젝트 3

여러분은 Mos-Master 자격취득을 위한 파워포인트-Core 시험에 응시중입니다. 프로젝트의 해결과정 및 결과를 주어진 시간에 전송해야 합니다.

작업1 6번 슬라이드 그림도형을 중간 맞춤하고 가로 간격을 동일하게 설정합니다.

작업2 5번과 6번 슬라이드에 "개요종료" 이름의 구역을 설정합니다.

작업3 4번 슬라이드 표의 5행을 삭제하고, "운영형태" 왼쪽에 열을 추가하고 표의 내용을 가로, 세로 가운데 정렬합니다.

작업4 프레젠테이션 파일에 "입력할 때 자동으로 맞춤법 검사"가 실행되지 않도록 옵션을 설정합니다.

작업5 3번 슬라이드 글머리 기호 단락의 뒤 간격을 12pt로 지정합니다.

프로젝트 4

여러분은 홍보를 위한 프레젠테이션을 제작하고 있습니다. 홍보 효과를 최대화하기 위한 디자인 작업 및 개체배치 및 시각적 효과 적용 작업을 합니다.

작업1 7번 슬라이드 다음에 "종합정보.pptx"의 3번 슬라이드를 삽입합니다.

작업2 7번 슬라이드 아래쪽 글머리 기호 단락을 "연속 블록 프로세스형" SmartArt도형으로 변경합니다. SmartArt 도형을 좌우 회전하고, 3차원 벽돌 스타일과, 색 변경 "색 채우기 – 강조 3"을 적용합니다.

작업3 7번 슬라이드 도형(내용: 2012년 이후~~)에 "바깥쪽 오른쪽 아래" 그림자효과를 지정합니다. 그림자 옵션에서 "그림자 색: 연한 파랑, 투명도: 30%, 크기: 110%"지정합니다.

작업4 1번 슬라이드 텍스트((주)한국HRDM개발원)에 "변환: 곡선 아래로", "반사: 1/2 반사" 효과의 WordArt 스타일을 적용합니다.

작업5 유인물 형식으로 한 장의 용지에 3개의 슬라이드가 가로방향으로 인쇄도록 설정합니다.

프로젝트 5

여러분은 능력개발원 교육생의 프레젠테이션 디자인 능력 및 개체 효과 적용 테스트 평가 항목을 점검하고 있습니다. 주어진 작업 수행과정에서 발생할 수 있는 문제점을 파악하고 보고서를 제출해야 합니다.

작업 1 3번 슬라이드 표에 "밝은 스타일 3 – 강조 4" 스타일, 음영: 연한파랑, "입체효과: 둥글게"를 적용합니다.

작업 2 현재 프레젠테이션의 슬라이드 쇼에 "웹 형식으로 진행, 화면 전환: 수동" 옵션을 설정합니다.

작업 3 현재 프레젠테이션 2번부터 6번 슬라이드에 "밀어내기" 화면 전환 효과를 지정합니다. 전환효과가 2초 동안 지속되도록 하고, "레이저" 효과음을 설정합니다.

작업 4 1번 슬라이드에 "샘플오디오.mp3" 오디오 파일을 삽입합니다. 삽입된 오디오는 자동으로 실행되고, 슬라이드 쇼 동안 숨겨지도록 설정합니다.

작업 5 현재 프레젠테이션의 미디어 파일을 프레젠테이션 품질로 압축합니다.

프로젝트 6

여러분은 파워포인트 프로그램의 다양한 기능의 활용 방법을 설명하는 프레젠테이션을 작성하고 있습니다. 주어진 작업을 해결하는데 필요한 기능을 효과적으로 설명할 수 있는 디자인 초안 제안서를 작성해야 합니다.

작업 1 6번 슬라이드에 산.xlsx파일의 차트를 삽입합니다.

작업 2 4번 슬라이드 왼쪽 그림 애니메이션을 오른쪽 그림에 복사합니다.

작업 3 인쇄 영역을 "코스안내" 구역으로 지정하고 한 부의 복사본이 모두 인쇄된 후 다음 복사본이 인쇄되도록 설정합니다.

작업 4 3번 슬라이드의 레이아웃을 "세로 제목 및 텍스트"로 변경 합니다

작업 5 7번 슬라이드에 "샘플동영상.mp4" 동영상을 삽입합니다. 삽입된 동영상은 자동으로 실행되도록 하고, 비디오 창 크기를 기존 크기의 30%로 조정합니다.

프로젝트 7

여러분은 회원에게 배포할 신제품 설명에 대한 프레젠테이션 제작하고 있습니다. 회원들의 나이 및 특성을 고려해서 콘텐츠의 크기 및 효과 적용을 결정해야 합니다.

작업1 2번 슬라이드 아래쪽에 "제목 및 내용" 레이아웃 슬라이드 삽입하고 "마감재 종류" 제목 입력합니다.

작업2 1번, 3번, 4번 슬라이드에 "당기기" 화면 전환 효과를 지정합니다.

작업3 2번 슬라이드 글머리 기호 단락의 텍스트를 "기본 프로세스형" 스마트 아트로 전환합니다. "색상형 범위 – 강조색 4 또는 5"형식으로 색변경하고 미세효과 스타일을 적용합니다.

작업4 1번 슬라이드에 "요술봉" 효과음을 화면 전환 효과에 추가합니다.

작업5 2번 슬라이드와 3번 슬라이드 중간에 "실선 무늬" 화면 전환 효과를 추가합니다.

PowerPoint

Word

Excel

Access

기출유형 모의고사 4회

프로젝트 1

여러분은 신입사원 직무능력 향상을 위한 파워포인트 프로그램 활용 능력 교육 자료를 준비하고 있습니다. 주어진 작업 해결 과정 및 결과를 보고서로 제출해야 합니다.

작업 1 프레젠테이션 문서에 "한국HRDM개발원" 바닥글을 추가합니다. 제목 슬라이드에는 표시되지 않도록 합니다.

작업 2 2번 슬라이드의 도형을 "확고한 신념", "뜨거운 열정", "새로운 생각" 순서로 정렬합니다.

작업 3 4번 슬라이드 아래에 "훈련준비.docx"를 개요로 삽입합니다.

작업 4 프레젠테이션 파일 속성 지정에서 회사 속성을 "한국HRDM개발원"으로 지정 합니다.

작업 5 1번 슬라이드 "한국HRD개발원"에 도형 효과 그림자를 적용합니다. "바깥쪽 오른쪽 아래", 그림자 색 "진한파랑", 투명도 20% 옵션을 지정합니다.

프로젝트 2

여러분은 의뢰인에게 요청받은 다양한 형태의 자료를 분석, 요약하는 작업을 진행합니다. 분석 및 요약 결과를 효과적으로 표현할 수 있는 프레젠테이션 제작해야 합니다.

작업 1 5번 슬라이드 범례 레이블위치를 위쪽으로 이동합니다.

작업 2 4번 슬라이드("웹 사이트명")을 5번 슬라이드 아래쪽으로 이동합니다.

작업 3 1번 슬라이드 "뷰트관련상품" 텍스트에 "채우기: 검정, 텍스트 1색, 그림자" WordArt 스타일을 적용하고, "전체 반사: 터치" 반사 효과를 지정합니다.

작업 4 2번, 3번, 4번 슬라이드만 인쇄도록 설정하고, 테두리가 포함된 슬라이드 노트로 인쇄되도록 합니다.

작업 5 3번 슬라이드 "사용자" 텍스트 도형의 애니메이션을 맨 처음으로 이동하고, 글머리기호 목록의 애니메이션은 삭제합니다.

프로젝트 3

여러분은 Mos–Master 자격취득을 위한 파워포인트–Core 시험에 응시중입니다. 프로젝트의 해결과 정 및 결과를 주어진 시간에 전송해야 합니다.

작업 1 3번 슬라이드 표의 4행을 삭제하고 표의 오른쪽에 열을 추가합니다. 삽입된 열의 첫 행에 "비고"를 입력하고 이 외의 행은 병합합니다.

작업 2 4번 슬라이드의 "0원"에 "메가 슬로건"이라는 대체 텍스트 제목을 입력합니다.

작업 3 2번 슬라이드에 "메가스터디 특징" 내용의 메모를 삽입합니다.

작업 4 1번 슬라이드 "메가스터디컴퓨터아카데미" 텍스트에 "http://megastudy–computer.com/"로 이동하는 하이퍼링크를 설정합니다.

작업 5 4번 슬라이드의 2개의 WordArt를 아래쪽 맞춤합니다.

프로젝트 4

여러분은 홍보를 위한 프레젠테이션을 제작하고 있습니다. 홍보 효과를 최대화하기 위한 디자인 작업 및 개체배치 및 시각적 효과 적용 작업을 합니다.

작업 1 3번 슬라이드의 표에 "밝은 스타일 2 – 강조 1" 스타일을 적용하고, 모든 행의 높이를 같게, 표의 내용을 가로, 세로 가운데 위치하도록 지정합니다.

작업 2 슬라이드 마스터의 제목 개체틀에 기본 그라데이션 선형 채우기를 지정합니다.

작업 3 5번 슬라이드를 삭제합니다.

작업 4 프레젠테이션 파일 속성의 범주 항목에 "홍보물"을 지정합니다.

작업 5 모든 슬라이드에 "세로 안쪽으로 나누기" 전환 효과가 2초 동안 발생하도록 지정합니다.

프로젝트 5

여러분은 능력개발원 교육생의 프레젠테이션 디자인 능력 및 개체 효과 적용 테스트 평가 항목을 점검하고 있습니다. 주어진 작업 수행과정에서 발생할 수 있는 문제점을 파악하고 보고서를 제출해야 합니다.

작업 1 현재 슬라이드의 1번, 3번, 4번, 5번, 6번 슬라이드로 구성된 "전시관" 슬라이드 쇼 재구성을 합니다. 재구성한 쇼를 웹 형식의 수동 전환되도록 쇼 설정을 합니다.

작업 2 프레젠테이션에 맞춤법 검사를 실행합니다. 추천 단어를 모두 변경합니다.

작업 3 8번 슬라이드 그림을 선택하면 1번 슬라이드로 이동하는 하이퍼링크를 설정합니다.

작업 4 3번 슬라이드 이미지에 "네온 효과: 18pt 녹색, 강조2" 효과를 지정합니다.

작업 5 프레젠테이션 파일에 "입력할 때 자동으로 맞춤법 검사"가 실행되도록 설정합니다.

프로젝트 6

여러분은 파워포인트 프로그램의 다양한 기능의 활용 방법을 설명하는 프레젠테이션을 작성하고 있습니다. 주어진 작업을 해결하는데 필요한 기능을 효과적으로 설명할 수 있는 디자인 초안 제안서를 작성해야 합니다.

작업 1 현재 프레젠테이션 파일을 "떡볶이나라" 이름의 XPS형식으로 내보내기 합니다. 선택 사항은 기본값을 유지합니다.

작업 2 4번 슬라이드 이미지 크기를 2배로 지정합니다. 표와 그림이 겹치지 않도록 이동합니다.

작업 3 현재 프레젠테이션의 슬라이드 노트 마스터의 "본문" 개체 틀에 그라데이션 채우기를 적용합니다.

작업 4 4번 슬라이드 표의 내용을 사용하여 5번 슬라이드에 묶은 세로막대형 차트를 삽입합니다.

작업 5 3번 슬라이드의 첫 번째 문단(하위 수준포함)에 날아오기 왼쪽 애니메이션을 지정하고, 두 번째 문단부터 (하위 수준 포함)는 이전 효과와 함께 2초 이후에 실행되는 날아오기 왼쪽 애니메이션을 지정합니다.

프로젝트 7

여러분은 회원에게 배포할 신제품 설명에 대한 프레젠테이션 제작하고 있습니다. 회원들의 나이 및 특성을 고려해서 콘텐츠의 크기 및 효과 적용을 결정해야 합니다.

작업 1 2번 슬라이드 SmartArt 그래픽에 "색 채우기 강조–2" 색 변경을 지정하고, "조감도" 스타일을 적용합니다.

작업 2 4번 슬라이드 3개의 이미지를 그룹화합니다.

작업 3 현재 프레젠테이션 파일 슬라이드 마스터에 "자연" 테마 효과를 적용합니다.

작업 4 현재 프레젠테이션 파일의 문서 속성 및 개인 정보를 삭제합니다.

작업 5 5번 슬라이드 아래쪽에 종합정보.pptx 파일의 3번째 슬라이드를 추가합니다.

CHAPTER 02

기출유형 모의고사
작업 과정 해설

프로젝트 1

작업1 ❶ [슬라이드 목록창] 4번 슬라이드 선택 후 드래그해서 1번 슬라이드 아래쪽으로 이동합니다.

작업2 ❶ [보기]–[마스터 보기]–[유인물 마스터]명령 선택합니다. ❷ [유인물 마스터]–[개체 틀]–[머리글]선택 합니다. 유인물에 표시된 머리글 개체에 "떡복이나라"를 입력하고 [마스터 보기 닫기]선택 합니다.

※ 머리글/바닥글등의 내용을 입력할 때 문제에 지시된 내용 및 띄어쓰기 주의하여 입력합니다.

작업3 ❶ [슬라이드 목록창] 3번 슬라이드 선택합니다. ❷ 텍스트 개체 틀 "본사 투자금을~~~, 할부 형식으로~~" 문단을 범위로 설정 [홈]–[단락]–[목록 수준 늘림]명령을 지정하고, "혼합형 제도" 문단범위 설정

[홈]–[단락]–[목록 수준 줄임]명령 선택합니다. ❸ 텍스트 개체 틀 선택 [홈]–[단락]–[줄 간격]–[1.5] 입력합니다.

※ 텍스트 전체를 선택 할 때 개체 틀의 경계선을 클릭하거나, 텍스트를 직접 범위로 설정하여도 됩니다.

작업4 ❶ [파일]–[옵션]–[PowerPoint 옵션]–[저장]탭에서 "파일의 글꼴 포함" 선택 합니다.

작업5 ❶ [보기]–[표시]–[자세히]명령 선택합니다. [눈금 및 안내선]대화상자에 "개체를 눈금에 맞춰이동, 화면에 눈금표시, 화면에 그리기 안내선 표시" 항목 지정 후 [확인]선택 합니다.

프로젝트 2

작업1 ❶ [슬라이드 목록창] 1번 슬라이드 선택 [디자인]–[사용자 지정]–[배경 서식]명령 선택합니다. [배경 서식]작업창의 [채우기]–[그라데이션 채우기]명령 선택합니다. ❷ [슬라이드 목록창] 2번부터 7번 슬라이드 선택 [디자인]–[사용자 지정]–[배경 서식]명령 선택합니다. [배경 서식]작업창의 [채우기]–[그림 또는 질감 채우기]명령 선택합니다. "질감" 선택 목록창에서 "편지지" 지정 합니다.

※ "기본 그라데이션" 이란 "그라데이션" 명령을 선택할 때 기본으로 선택된 선택사항을 변경하지 않은 상태를 의미합니다.

※ 여러 개의 슬라이드를 선택할 때 "Ctrl, Shift"키를 사용합니다.

작업2 ❶ [슬라이드 목록창] 7번 슬라이드 선택 개체 틀에서 "차트 삽입" 선택합니다. [모든 차트]–[콤보형]에서 "묶은 세로 막대 – 꺾은선형" 차트 지정합니다. ❷ 차트 선택 [차트 도구]–[디자인]–[차트 스타일]–[스타일 8]선택 합니다.

작업3 ❶ [슬라이드 목록창] 1번 슬라이드 선택 [삽입]–[미디어]–[비디오]–[내 PC의 비디오]선택 문제에서 제시된 경로를 설정하고 "샘플동영상.MP4" 파일 선택합니다. ❷ [동영상]선택 [비디오 도구]–[서식]–[크기]–[자세히]명령 선택합니다. [비디오 형식 지정]작업창 [크기]탭에 "가로 세로 비율 고정 선택, 높이 조절: 25%" 지정합니다.

※ 삽입된 동영상에 따라 처음크기는 다르게 표시됩니다.

※ 동영상 선택 [마우스 오른쪽 버튼]–[크기 및 위치]선택하여도 동일한 작업창이 표시됩니다.

작업4 ❶ [파일]–[정보]–[미디어 압축]–[인터넷 품질]선택 합니다.

※ 오피스 버전에 따라 압축하는 방식은 다르게 표시될 수 있습니다.

작업5 ❶ [슬라이드 목록창] 2번 슬라이드 선택 [홈]–[슬라이드]–[레이아웃]–[제목 및 내용]선택 합니다.

프로젝트 3

작업1 ❶ [슬라이드 목록창] 1번 슬라이드의 5개 도형 선택 [그리기 도구]-[서식]-[크기]명령에 "높이:2Cm, 너비: 12Cm" 지정하고, [도형 스타일]-[강한 효과 – 검정, 어둡게1], [도형 스타일]-[도형 효과]-[그림자]-[원근감: 왼쪽 아래]를 적용합니다.
※ 여러 개체 선택 방법
1. Shift키를 누른 상태에서 선택
2. 슬라이드에서 드래그해서 개체를 선택

작업2 ❶ [슬라이드 목록창] 2번 슬라이드의 "태양의 위치로~~" 시작하는 문단 범위 설정 [애니메이션]-[애니메이션]-[날아오기]지정 후 [효과 옵션]-[왼쪽에서] 선택 합니다. [애니메이션]-[타이밍]그룹에서 "시작: 이전 효과와 함께" 지정 합니다. ❷ 2번째 문단부터 범위 설정 [애니메이션]-[애니메이션]-[날아오기]지정 후 [효과 옵션]-[왼쪽에서]선택 합니다. [애니메이션]-[타이밍]그룹에서 "시작: 이전 효과 다음에, 재생시간:3초, 지연시간: 2초" 지정합니다.

작업3 ❶ [파일]-[인쇄]-[설정]명령 인쇄 범위를 "거리두기"로 지정합니다.

작업4 ❶ [슬라이드 목록창] 2번 슬라이드 선택 [검토]-[메모]-[새 메모]명령 선택합니다. [메모]작업창에서 "24절기" 메모 내용입력합니다. 메모 표시를 "처서" 텍스트 위로 이동합니다.

작업5 ❶ [슬라이드 목록창] 3번 슬라이드 선택 [홈]-[슬라이드]-[새 슬라이드]-[슬라이드 개요]명령 선택합니다. [개요 삽입]대화상자에서 문제에서 제시된 경로 설정하고 "24절기.docx" [열기]선택합니다.

프로젝트 4

작업1 ❶ [슬라이드 쇼]-[슬라이드 쇼 재구성]-[쇼 재구성]명령 선택합니다. ❷ [쇼 재구성]-[새로 만들기]선택합니다. [쇼 재구성 하기]대화상자 "쇼이름: 한국HRDM, 프레젠테이션 슬라이드: 1, 2, 3, 6번 슬라이드 추가, 3번 슬라이드를 아래로 이동" 지정 [확인]선택 합니다. [쇼재구성]대화상자 [닫기]합니다.

작업2 ❶ [슬라이드 목록창] 5번 슬라이드 선택 텍스트 개체 틀 선택 [홈]-[단락]-[글머리 번호]명령 선택하고 "1. 2. 3." 지정합니다. ❷ 결과 확인 후 [저장]합니다.

작업3 ❶ [보기]-[마스터 보기]-[슬라이드 마스터]명령 선택합니다. ❷ 마스터 보기 상태에서 "1 슬라이드 마스터" 선택 [슬라이드 마스터]-[배경]-[배경 스타일]-[배경 서식]명령 선택합니다. ❸ "제목 개체틀" 선택 [도형 서식]작업창에서 [채우기]-[그림 또는 질감 채우기]-[질감]-[자주 편물]선택 합니다. ❹ [마스터 보기 닫기]명령 선택합니다.
※ 서식을 지정할 개체가 선택된 상태를 확인합니다.

작업4 ❶ [슬라이드 목록창]창 2번부터 6번 슬라이드 선택 [전환]-[슬라이드 화면 전환]-[커튼]효과 적용합니다. ❷ [전환]-[타이밍]그룹에서 "소리: 박수, 기간: 2초" 지정합니다.
※ 여러 슬라이드를 선택할 때 "Ctrl, Shift" 키를 사용합니다.
※ 전환 효과 결과는 [전환]-[미리보기]명령을 사용해서 확인합니다.

작업5 ❶ [파일]-[인쇄]명령 선택합니다. 인쇄 대화상자에 "복사본: 3, 전체 슬라이드: 슬라이드 테두리, 유인물 2슬라이드, 한부씩 인쇄" 지정합니다. ❷ 결과 확인 후 문서 [저장]합니다.

작업 과정 해설

프로젝트 5

작업 1 ❶ [슬라이드 목록창] 2번 슬라이드 목차 도형 4개 선택 [그리기 도구]-[서식]-[정렬]-[맞춤]-[세로 간격 동일하게]명령 선택하고, [그리기 도구]-[서식]-[정렬]-[맞춤]-[왼쪽 맞춤]선택 합니다.

※ 여러 개 도형 선택 방법
1. Shift키를 누른 상태에서 도형 선택
2. 슬라이드에서 마우스로 드래그해서 도형 선택

작업 2 ❶ [슬라이드 목록창] 1번 슬라이드 제목 개체 틀 선택 [그리기 도구]-[서식]-[WordArt 스타일] "채우기 색: 황금색, 강조색 4, 부드러운 입체" 스타일 적용합니다. ❷ 결과 확인 후 문서 [저장]합니다.

※ 오피스 버전에 따라 워드 아트 스타일 이름은 다르게 표시될 수 있습니다.

작업 3 ❶ [슬라이드 목록창] 1번 슬라이드 선택 "운영현황" 텍스트 범위 설정 [삽입]-[링크]-[링크]-[하이퍼링크]명령 선택합니다. ❷ [하이퍼링크 삽입]대화상자에

"연결대상: 현재문서, 이 문서에서 위치 선택: 슬라이드 제목(운영현황)" 지정하고 [확인]선택 합니다.

작업 4 ❶ [슬라이드 목록창] 3번 슬라이드 선택 "승인인원" 열 제목 신택 [표 도구]-[레이아웃]-[행 및 열] [왼쪽에 열 삽입]명령 선택합니다. ❷ 삽입된 열 1행에 "승인년도" 내용 입력합니다. ❸ "비고" 열 제목의 2행부터 4행까지 범위 설정 [표 도구]-[레이아웃]-[병합]-[셀 병합]명령 선택합니다.

작업 5 ❶ [슬라이드 목록창] 4번 슬라이드 선택하고 슬라이드의 개체 틀 선택 [삽입]-[텍스트]-[개체]명령 선택합니다. ❷ [개체 삽입]대화상자에서 [파일로부터 만들기]-[찾아보기] 문제에서 제시된 경로 설정 "운영현황.xlsx" 지정 [확인]선택 합니다. ❸ 결과 확인 후 [저장]합니다.

프로젝트 6

작업 1 ❶ [보기]-[표시]-[자세히]선택 합니다. [눈금 및 안내선]대화상자에 "개체를 눈금에 맞춰이동, 화면에 눈금표시, 화면에 그리기 안내선 표시" 선택하고 [확인]선택 합니다. ❷ 결과 확인 후 [저장]합니다.

작업 2 ❶ [슬라이드 목록창] 3번 슬라이드 선택 [마우스 오른쪽 버튼]-[슬라이드 숨기기]선택 합니다.

작업 3 ❶ [파일]-[내보내기]-[PDF 문서 만들기]-[PDF 문서 만들기]명령 선택합니다. ❷ [PDF 게시] 대화상자에서 저장 경로 지정, "파일 이름: 전주정원축제" [게시]선택 합니다. ❸ 결과 확인 후 [저장]합니다.

작업 4 ❶ [슬라이드 목록창] 6번 슬라이드 개체 틀 "SmartArt 그래픽 삽입" 선택합니다. ❷ [SmartArt 그래픽 선택]-[프로세스형]-[기본 프로세스형]선택 [SmartArt

텍스트]창에 "전주종합경기장", "노송동일원", "전주시 양묘장" 텍스트를 순서대로 입력합니다. ❸ [SmartArt 그래픽]선택 [SmartArt 도구]-[디자인]-[Smart 스타일]-[3차원: 벽돌]선택하고, [SmartArt 도구]-[디자인]-[Smart 스타일]-[색 변경: 색상형-강조색]지정합니다. ❹ 결과 확인 후 [저장]합니다.

작업 5 ❶ [슬라이드 목록창] 1번 슬라이드 선택 [삽입]-[오디오]-[내 PC의 오디오]선택 경로지정하고 "샘플오디오.mp3" 파일 선택합니다. ❷ "오디오" 아이콘 선택 [오디오 도구]-[재생]-[오디오 옵션]그룹에서 "시작: 자동실행, 쇼 동안 숨기기, 반복 재생" 선택합니다. ❸ 결과 확인 후 [저장]합니다.

프로젝트 7

작업 1 ❶ [슬라이드 목록창] 2번 슬라이드 글머리 기호 단락을 선택하고 [홈]-[단락]-[SmartArt로 변환]명령 선택합니다. ❷ [기타 SmartArt그래픽]-[프로세스형]-[지그재그 프로세스형]선택합니다. ❸ "벽돌 타일" 도형 선택 [SmartArt 도구]-[디자인]-[그래픽 만들기]-[아래로 이동]선택 합니다. ❹ SmartArt 선택 [SmartArt 도구]-[디자인]-[SmartArt 그래픽]-[색 변경]-[색상형-강조색 3 또는 4]선택 합니다. ❺ 결과 확인 후 [저장]합니다.

작업 2 ❶ [슬라이드 목록창] 3번 슬라이드 [개체 틀]-[그림 삽입]에서 경로지정 후 "마감재.png" 파일 선택합니다. ❷ 삽입된 그림 선택 [그림 도구]-[서식]-[그림 스타일]-[둥근 대각선 모서리, 흰색]선택 합니다. ❸ 삽입된 그림 선택 [그림 도구]-[서식]-[조정]-[색]-[색조: 온도 7200 K]선택 합니다.

작업 3 ❶ [슬라이드 목록창] 5번 슬라이드 차트 개체 선택 [차트 도구]-[디자인]-[데이터]-[데이터 편집]명령 선택합니다. ❷ [데이터 입력 PowerPoint]창에서 "항목 4, 4.3, 3.8" 입력하고 [데이터 입력 PowerPoint]창 [닫기]합니다. ❸ 결과 확인 후 [저장]합니다.

작업 4 ❶ [슬라이드 목록창] 4번 슬라이드 "적용사례-1. 그림" 선택 [그리기 도구]-[서식]-[정렬]-[그룹화]-[그룹]선택 합니다. ❷ [슬라이드 목록창] 4번 슬라이드 "적용사례-2. 그림" 선택 [그리기 도구]-[서식]-[정렬]-[그룹화]-[그룹]선택 합니다.

작업 5 ❶ [슬라이드 목록창] 5번 슬라이드 차트 개체 선택 [애니메이션]-[애니메이션]-[효과옵션]-[항목별로]선택 합니다. ❶ [슬라이드 목록창] 5번 슬라이드 차트 개체 선택 [애니메이션]-[타이밍그룹에서 "시작: 이전 효과 다음에, 재생시간: 2초, 지연시간: 1초" 지정합니다. ❸ 결과 확인 후 [저장]합니다.

SECTION

2

기출유형 모의고사 2회
작업 과정 해설

프로젝트 1

작업 1 ❶ [디자인]-[사용자 지정]-[슬라이드 크기]-[슬라이드 크기 사용자 지정]명령 선택합니다. ❷ [슬라이드 크기]-[사용자지정]에서 "너비: 30Cm, 높이: 22Cm" 입력 [확인]선택합니다. [콘텐츠 크기조정] 대화상자에서 "맞춤확인"선택합니다.
※너비, 높이를 입력할 때 단위는 입력하지 않습니다.

작업 2 ❶ [보기]-[마스터 보기]-[슬라이드 노트 마스터]명령 선택합니다. ❷ [슬라이드 노트 마스터]에서 "머리글" 개체 틀을 선택하고 "솔밭공원" 입력합니다. ❸ [슬라이드 노트 마스터]-[배경]-[배경 스타일]-[배경 서식] 명령 선택합니다. ❹ "머리글" 개체 틀 선택 [배경서식]작업창 "채우기: 그라데이션 채우기" 선택 합니다. 기본값 설정 상태를 유지합니다. ❺ [마스터 보기]닫기 합니다.

작업 3 ❶ [슬라이드 목록창] 1번 슬라이드 그림도형 선택 [그림 도구]-[서식]-[그림 스타일]-[그림 효과]-[네온]-[네온 옵션]명령 선택합니다. ❷ [그림 서식]작업

창 "네온: 5pt 황금색, 강조색 4 지정, 투명도 80%" 지정합니다.
※ 투명도, 색. 크기등의 세부지시 사항이 없으면 [그림효과]-[네온]선택하고 목록창에서 지정합니다.

작업 4 ❶ [슬라이드 목록창] 7번 슬라이드 개체 틀" 비디오 삽입" 선택 합니다. ❷ [비디오 삽입]대화상자에서 경로지정 후 "샘플동영상.mp4" 선택 합니다. ❸ 동영상 선택 [비디오 도구]-[재생]-[비디오 옵션]에서 "볼륨: 중간" 선택 합니다. ❹ 동영상 선택 [비디오 도구]-[재생]-[편집]-[비디오 스트리밍]선택합니다. [비디오 스트리밍]대화상자에서 "시작시간: 3.50, 종료시간: 50" 입력 합니다. ❺ 결과 확인 후 [저장]합니다.

작업 5 ❶ [슬라이드 목록창] 4번과 5번 사이 [마우스 오른쪽 버튼]-[구역 추가]명령 선택합니다. [구역 이름 바꾸기]대화상자의 "구역 이름: 공원전경" 입력 [이름 바꾸기]선택 합니다. ❷ 결과 확인 후 [저장]합니다.

프로젝트 2

작업 1 ❶ [슬라이드 목록창] 2번 슬라이드 선택 글머리 기호 단락 범위 설정 [홈]-[단락]-[번호 매기기]명령 선택합니다. ❷ [번호 매기기]에서 "A, B, C"선택 합니다. ❸ 결과 확인 후 [저장]합니다.

작업 2 ❶ [파일]-[옵션]명령 선택합니다. ❷ [Power Point 옵션]대화상자 [저장]탭에서 "자동 복구 저장 간격: 5분", "기본적으로 컴퓨터에 저장" 옵션 선택합니다. ❸ 결과 확인 후 [저장]합니다.

작업 3 ❶ [슬라이드 목록창] 2번 슬라이드 글머리 번호 목록 중 "디자인 전략" 범위 설정합니다. ❷ [삽입]-[링크]-[하이퍼링크]명령 선택합니다. [하이퍼링크 삽입]대화상자 "현재 문서, 슬라이드 3" 지정 [확인]선택 합니다. ❸ 결과 확인 후 [저장]합니다.
※ 오피스 버전에 따라 명령표시가 다르게 표시될 수 됩니다.

작업 4 ❶ [슬라이드 목록창] 4번 슬라이드 차트 선택 "매출액" 계열 [마우스 오른쪽 버튼]-[계열 차트 종류 변경]선택 합니다. ❷ [차트 종류 변경]대화상자 "매출액" 계열 "차트 종류: 꺽은선형, 보조 축" 선택 합니다. ❸ "매출액" 계열 선택 [마우스 오른쪽 버튼]-[데이터 레이블 추가]-[데이터 설명선 추가]명령 선택합니다.

작업 5 ❶ [슬라이드 목록창] 3번 슬라이드 "사용자, 소비자" 도형 선택 [그리기 도구]-[서식]-[도형 스타일]에서 "강한효과 – 진한자주, 강조 2" 스타일을 적용합니다. ❷ 결과 확인 후 [저장]합니다.

프로젝트 3

작업1 ❶ 4번 슬라이드 "글머리 기호 단락" 선택 [홈]-[단락]-[SmartArt 그래픽으로 변환]명령 선택합니다. ❷ [SmartArt 그래픽 선택]대화상자 "프로세스형: 세로 글머리 기호 목록형" 선택 합니다. ❸ [SmartArt 도형] 선택 [SmartArt 도구]-[디자인]-[색 변경]명령 선택 "그라데이션 반복 – 강조 1" 지정 합니다. ❹ [SmartArt 도형]선택 [SmartArt 도구]-[디자인]-[SmartArt 스타일]명령 선택 "3차원: 광택 처리" 지정 합니다. ❺ 결과 확인 후 [저장]합니다.

작업2 ❶ [슬라이드 목록창] 2번 슬라이드부터 6번 슬라이드 선택 [전환]-[슬라이드 화면 전환] "밀어내기" 효과 지정하고, "효과옵션: 왼쪽에서" 선택합니다.

※ 여러 슬라이드를 선택할 때는 "Shift" 키를 누른 상태에서 선택합니다.

작업3 ❶ 1번 슬라이드 그림 도형 선택 [마우스 오른쪽 버튼]-[대체 텍스트 편집]명령 선택합니다. ❷ [대체 텍스트]작업창 "대체 텍스트 제목: 솔밭공원 소개" 입력 합니다. ❸ 결과 확인 후 [저장]합니다.

※ 오피스 버전에 따라 명령표시가 다르게 표시됩니다.

작업4 ❶ 6번 슬라이드 그림 선택 [마우스 오른쪽 버튼]-[크기 및 위치]명령 선택합니다. ❷ [그림 서식]작업창 위치항목 "가로 위치: 2Cm 기준: 왼쪽 위 모서리, 세로위치: 5Cm 기준: 왼쪽 위 모서리" 지정합니다. ❸ 결과 확인 후 [저장]합니다.

작업5 ❶ [슬라이드 쇼]-[설정]-[슬라이드 쇼 설정]명령 선택합니다. ❷ [쇼 설정]대화상자 "보기옵션: 애니메이션 없이 보기, 펜 색: 진한 빨강, 화면 전환: 수동" 옵션 설정합니다. ❸ 결과 확인 후 [저장]합니다.

프로젝트 4

작업1 ❶ 2번 슬라이드 표 8행 범위 설정 [표 도구]-[레이아웃]-[병합]-[셀 병합]명령 선택합니다. ❷ 2번 슬라이드 표 8행 선택 [표 도구]-[레이아웃]-[맞춤]-[오른쪽 맞춤]명령 선택합니다. ❸ 2번 슬라이드 표 선택 [표 도구]-[디자인]-[표 스타일]-[중간] "보통 스타일 1 – 강조 2" 지정 합니다. ❹ 결과 확인 후 [저장]합니다.

작업2 ❶ 2번 슬라이드 메모 선택 [메모]작업창 "회신: 현재 작업 중" 내용 입력합니다.

※ 오피스 버전에 따라 메모명령 표시가 다르게 표시될 수 있습니다.

작업3 ❶ 3번 슬라이드 그림 도형 선택 [그림 도구]-[디자인]-[정렬]-[뒤로 보내기]-[맨 뒤로 보내기]명령 선택합니다. ❷ 결과 확인 후 [저장]합니다.

작업4 ❶ [파일]-[정보]-[문제 확인]-[문제 검사]명령 선택합니다. [문제 검사]대화상자에서 "문서 속성 및 개인 정보" 선택확인하고 [검사]명령 선택합니다. ❷ [검사 결과]대화상자에서 "문서 속성 및 개인 정보" [모두 제거]선택하고 [닫기]합니다.

작업5 ❶ 4번 슬라이드 그림 도형 선택 [애니메이션]-[애니메이션]-[효과 옵션] "서서히 아래로" 지정 합니다. ❷ 4번 슬라이드 그림 도형 선택 [애니메이션]-[고급 애니메이션]-[애니메이션 추가] "강조 펄스" 효과 지정 합니다. ❸ 결과 확인 후 [저장]합니다.

프로젝트 5

작업 1 ❶ [슬라이드 목록창] 1번 슬라이드 선택 [검토]–[언어 교정]–[맞춤법 검사]명령 선택합니다. ❷ "메인페이지에"에 대한 추천 단어 중 "메인 페이지에"로 [변경]선택 합니다. ❸ 검사를 진행하먼서 "건너뛰기" 합니다. [맞춤검 검사 종료]메시지를 확인 합니다. ❹ 결과 확인 후 [저장]합니다.

작업 2 ❶ [슬라이드 목록창] 3번 슬라이드 2개 도형을 선택 [그리기 도구]–[서식]–[도형 삽입]–[도형 편집]–[도형 모양 변경]–[기본 도형] "사각형: 빗면" 선택 합니다. ❷ 결과 확인 후 [저장]합니다.

작업 3 ❶ [삽입]–[텍스트]–[머리글/바닥글]명령 선택합니다. ❷ [머리글/바닥글]–[슬라이드]탭에서 슬라이드번호 선택, "바닥글: 뷰티상품", "제목 슬라이드에는 표시 안 함" 지정 [모두 적용]선택 합니다.

작업 4 ❶ [슬라이드 목록창] 1번 슬라이드 오디오 아이콘 선택 [오디오 도구]–[재생]–[편집] "페이드 인: 1초, 페이드 아웃: 1초" 지정 합니다.

작업 5 ❶ [파일]–[정보]탭에서 "모든 속성 표시" 선택 "주제: 웹 사이트 제작" 입력 합니다. ❷ 결과 확인 후 [저장]합니다.

프로젝트 6

작업 1 ❶ [슬라이드 목록창] 2번 슬라이드 글머리 기호 단락 선택 [홈]–[글꼴]–[문자 간격]–[기타 간격]명령 선택합니다. ❷ [글꼴] 대화상자 "간격: 좁게, 값: 2pt" 지정하고 [확인]선택합니다. ❸ [슬라이드 목록창] 2번 슬라이드 글머리 기호 단락 선택 [홈]–[단락]–[자세히]명령 선택합니다. ❹ [단락]–[들여쓰기 및 간격]탭에서 "단락 뒤: 16pt" 지정 합니다. ❺ 결과 확인 후 [저장]합니다.

작업 2 ❶ [파일]–[정보]–[미디어 압축]–[인터넷 품질]명령 선택합니다.

작업 3 ❶ [슬라이드 목록창] 4번 슬라이드 글머리 기호 단락 선택 [홈]–[단락]–[단 추가 또는 제거]–[기타 단]명령 선택합니다. ❷ [단]대화상자 "열: 2, 간격: 0.5Cm" 지정 합니다.

작업 4 ❶ [슬라이드 목록창] 2번부터 6번슬라이드 선택 [전환]–[슬라이드 화면 전환]–[바람]효과 지정합니다. ❷ [전환]–[타이밍]탭에서 "기간: 2.00, 화면 전환: 다음 시간 후 3.00" 지정 합니다.

작업 5 ❶ [슬라이드 목록창] 5번 슬라이드 선택 [홈]–[슬라이드]–[새 슬라이드]–[슬라이드 다시 사용]명령 선택합니다. ❷ [슬라이드 다시 사용]작업창 "찾아보기"에서 경로 지정 후 종합정보.pptx" 지정 2번 슬라이드 선택합니다. ❸ 결과 확인 후 [저장]합니다.

프로젝트 7

작업1 ❶ [슬라이드 목록창] 1번 슬라이드 "Let's~~" 단락 선택 [그리기 도구]–[서식]–[WordArt 스타일] – [채우기: 흰색, 윤곽선: 빨강, 강조색 2, 진한 그림자:빨강, 강조색 2]지정 합니다. ❷ [슬라이드 목록창] 1번 슬라이드 "Let's~~" 단락 선택 [그리기 도구]–[서식]–[WordArt 스타일]–[효과]–[네온]–[네온: 18pt, 진한 보라, 강조색1]지정 합니다. ❸ 결과 확인 후 [저장]합니다.

※ 오피스 버전에 따라 WordArt 스타일 도움말은 다르게 표시됩니다.

작업2 ❶ [삽입]–[텍스트]–[머리글/바닥글]–[슬라이드 노트 및 유인물]명령 선택합니다. "바닥글: 메가스터디컴퓨터" 입력합니다. 이 외의 선택 사항은 기본값을 유지합니다.

작업3 ❶ [파일]–[정보]–[문제 확인]–[호환성 검사]명령 선택합니다. ❷ [호환성 검사]결과창에서 [확인]선택 합니다. ❸ 결과 확인 후 [저장]합니다.

작업4 ❶ [파일]–[인쇄]명령 선택합니다. ❷ [인쇄]대화상자에 "복사본: 3, 인쇄범위: 3~4, 전체 슬라이드: 슬라이드 테두리, 인쇄 방식: 한 부씩 인쇄" 선택합니다.

작업5 ❶ [디자인]–[테마]–[현재 테마 저장]명령 선택합니다. ❷ [현재 테마 저장]대화상자에 "파일이름: 메가" 지정 [저장]선택 합니다.

작업 과정 해설

프로젝트 1

작업1 ❶ [슬라이드 목록창] 1번 슬라이드 그림 선택 [마우스 오른쪽 버튼]-[크기 및 위치]명령 선택합니다. ❷ [그림 서식]작업창 [위치]탭에 가로 "기준: 왼쪽 위 모서리, 가로 위치: 25Cm", 세로 "기준: 왼쪽 위 무서리, 세로 위치: 8Cm" 지정 합니다.

작업2 ❶ [보기]-[마스터 보기]-[슬라이드 마스터]명령 선택합니다. ❷ "1번 슬라이드 마스터" 선택 [슬라이드 마스터]-[마스터 레이아웃]-[마스터 레이아웃]명령 선택합니다. ❸ [마스터 레이아웃]대화상자에서 "바닥글" 선택 해제합니다. ❹ [마스터 보기 닫기]명령 선택합니다.

작업3 ❶ [슬라이드 목록창] 3번 슬라이드 선택합니다. ❷ "메모" 표시 [마우스 오른쪽 버튼]-[메모 삭제]명령 선택합니다.

작업4 ❶ [슬라이드 목록창] 2번 슬라이드 개체틀에서 "그림" 선택합니다. ❷ [그림 삽입]대화상자에서 경로지정 후 "로고-1.png" 파일 선택합니다. ❸ "로고-1.png" 선택 [마우스 오른쪽 버튼]-[크기 및 위치]명령 선택합니다. ❹ [그림 서식]작업창 [크기]항목에 "가로 세로 비율 고정 선택, 높이조절이나 너비 조정에 200%" 입력 합니다. ❺ 크기가 조절된 그림을 드래그해서 텍스트 옆으로 이동합니다.

작업5 ❶ [슬라이드 목록창] 6번 슬라이드 동영상 선택 [애니메이션]-[애니메이션]-[재생]지정 합니다. ❷ "비디오" 선택 [비디오 도구]-[서식]-[비디오 세이프]-[사각형]-[사각형: 둥근 모서리]명령 선택합니다.

프로젝트 2

작업1 ❶ [슬라이드 목록창] 2번 슬라이드 선택 [홈]-[슬라이드]-[레이아웃]-[콘텐츠 2개]명령 선택합니다.

작업2 ❶ [보기]-[표시]-[자세히]명령 선택합니다. ❷ [눈금 및 안내선]대화상자에 "개체를 눈금에 맞춰이동, 화면에 눈금 표시, 화면에 그리기 안내선 표시" 선택합니다.

작업3 ❶ [슬라이드 쇼]-[슬라이드 쇼 시작]-[슬라이드 쇼 재구성]-[쇼 재구성]명령 선택합니다. ❷ [쇼 재구성]-[새로 만들기]명령 선택합니다. ❸ [새로 만들기]대화상자에 "슬라이드 쇼 이름:이용안내, 재구성한 슬라이드 쇼 영역으로 3, 4, 5번 추가" 합니다. ❹ 5번 슬라이드 (공원 이용시 준수 사항) 선택 후 [위로]단추로 이동하고 [확인]선택합니다. ❺ [쇼 재구성]대화상자 [닫기]선택합니다.

작업4 ❶ [슬라이드 목록창] 4번 슬라이드 "전경1" 그림도형 선택 [애니메이션]-[고급 애니메이션]-[애니메이션 창]명령 선택합니다. ❷ "전경1"그림 도형 선택 확인하고 "위로"이동 선택합니다.

작업5 ❶ 슬라이드 목록창] 5번 슬라이드 선택 [홈]-[슬라이드]-[새 슬라이드]-[슬라이드 개요]명령 선택합니다. ❷ [개요 삽입]대화상자에서 경로 지정하고 "광나루.docx"지정 [삽입]선택합니다.

프로젝트 3

작업1 ❶ [슬라이드 목록창] 6번 슬라이드 3개 도형 선택합니다. ❷ [그림 도구]-[서식]-[정렬]-[맞춤]탭에서 "중간 맞춤, 가로 간격 동일하게" 선택 합니다.

작업2 ❶ [슬라이드 목록창] 5번, 6번 슬라이드 중간 선택 [마우스 오른쪽]-[구역 추가]명령 선택합니다. ❷ [구역 이름 바꾸기]대화상자에 "개요종료" 입력 [이름 바꾸기]명령 선택합니다.

작업3 ❶ [슬라이드 목록창] 4번 슬라이드 표 5행 선택 [표 도구]-[레이아웃]-[행 및 열]-[삭제]-[행 삭제]명령 선택합니다. ❷ [슬라이드 목록창] 4번 슬라이드 표 2열 선택 [표 도구]-[레이아웃]-[행 및 열]-[왼쪽에 삽입]

명령 선택합니다. ❸ [슬라이드 목록창] 4번 슬라이드 표 선택 [표 도구]-[레이아웃]-[맞춤]탭에서 "세로 가운데 맞춤, 가운데 맞춤" 선택 합니다.

작업4 ❶ [파일]-[옵션]명령 선택합니다. ❷ [PowerPoint 옵션]-[언어 교정]탭에서 "맞춤법 검사 및 문법 검사: 입력할 때 자동으로 맞춤법 검사" 해제 합니다.

작업5 ❶ [슬라이드 목록창] 3번 슬라이드 글머리 기호 단락 선택 [홈]-[단락]-[자세히]명령 선택합니다. ❷ [단락]-[들여쓰기 및 간격]탭에서 "단락 뒤 간격: 12pt" 지정 합니다.

프로젝트 4

작업1 ❶ [슬라이드 목록창] 7번 슬라이드 선택 [홈]-[슬라이드]-[새 슬라이드]-[슬라이드 다시 사용]명령 선택합니다. ❷ [슬라이드 다시 사용]작업창 [찾아보기]에서 경로를 설정하고 "종합정보.pptx" 파일 선택합니다. ❸ "종합정보.pptx"의 슬라이드에서 3번 슬라이드 선택합니다.

작업2 ❶ [슬라이드 목록창] 7번 슬라이드 글머리 기호 목록 선택 [홈]-[단락]-[SmartArt그래픽으로 변환]명령 선택합니다. ❷ [기타 Smartart 그래픽]대화상자에서 [프로세스형]-[연속 블록 프로세스형]선택 합니다. ❸ "SmartArt 그래픽"선택 [Smart 도구]-[디자인]-[그래픽 만들기]-[오른쪽에서 왼쪽]명령 선택합니다. ❹ "SmartArt 그래픽" 선택 [Smart 도구]-[디자인]-[SmartArt 스타일]에서 "3차원: 벽돌, 색변경: 색채우기 - 강조 3" 적용 합니다.

작업3 ❶ [슬라이드 목록창] 7번 슬라이드 도형 선택 [그리기 도구]-[서식]-[도형 스타일]-[도형 효과]-[그림자]-[그림자 옵션]명령 선택합니다. ❷ [그림자 옵션]작업창에서 "미리보기: 바깥쪽 오른쪽 아래, 색: 연한 파랑, 투명도: 30%, 크기: 110%" 지정 합니다.

작업4 ❶ [슬라이드 목록창] 1번 슬라이드 도형 선택 [그리기 도구]-[서식]-[WordArt 스타일]-[텍스트 효과]-[변환]-[곡선 아래로]지정 합니다. ❷ [슬라이드 목록창] 1번 슬라이드 도형 선택 [그리기 도구]-[서식]-[WordArt 스타일]-[텍스트 효과]-[반사]-[1/2반사: 터치]지정 합니다.

작업5 ❶ [파일]-[인쇄]명령 선택합니다. ❷ [인쇄모양]대화상자에서 "유인물: 3슬라이드", "용지 방향: 가로 방향" 지정 합니다.

프로젝트 5

작업1 ❶ [슬라이드 목록창] 3번 슬라이드 표 선택 [표 도구]-[디자인]-[표 스타일]-[밝은 스타일3 – 강조 4] 스타일을 적용합니다. ❷ [슬라이드 목록창] 3번 슬라이드 표 선택 [표 도구]-[디자인]-[표 스타일]-[음영]-[연한 파랑]지정 합니다. ❸ [슬라이드 목록창] 3번 슬라이드 표 선택 [표 도구]-[디자인]-[표 스타일]-[효과]-[셀 입체 효과]-[둥글게]지정 합니다.

작업2 ❶ [슬라이드 쇼]-[설정]-[슬라이드 쇼 설정] 명령 선택합니다. ❷ [쇼 설정]대화상자에서 "보기 형식: 웹 형식으로 진행, 화면 전환: 수동" 지정 합니다.

작업3 ❶ [슬라이드 목록창] 2번부터 6번 슬라이드 선택 [전환]-[슬라이드 화면 전환]-[밀어내기]지정 합니다. ❷ [전환]-[타이밍]그룹에서 "기간: 2초, 소리: 레이저" 지정 합니다.

작업4 ❶ [슬라이드 목록창] 1번 슬라이드 선택 [삽입]-[미디어]-[오디오]-[내 PC의 오디오]명령 선택합니다. ❷ [오디오 삽입]대화상자에서 경로 설정 후 "샘플오디오.mp3" 파일 선택합니다. ❸ [슬라이드 목록창] 1번 슬라이드 오디오 선택 [오디오 도구]-[재생]-[오디오 옵션]그룹에서 "시작: 자동 실행, 쇼 동안 숨기기" 선택 합니다.

작업5 ❶ [파일]-[정보]-[미디어 압축]-[프레젠테이션 품질]명령 선택합니다.

프로젝트 6

작업1 ❶ [슬라이드 목록창] 6번 슬라이드 개체 틀 선택 [삽입]-[텍스트]-[개체]명령 선택합니다. ❷ [개체 삽입]-[파일로부터 만들기]선택하고 "찾아보기"에서 경로지정 후 "산.xlsx" 파일 지정 후 [확인]선택합니다.
※ 문제에서 "연결하여 삽입합니다." 라고 제시되면 "연결" 항목 선택해야 합니다.

작업2 ❶ [슬라이드 목록창] 4번 슬라이드 왼쪽 그림 선택 [애니메이션]-[고급 애니메이션]-[애니메이션 복사]명령 선택하고, "오른쪽 그림" 선택 합니다.
※ [애니메이션 복사]명령 한 번 클릭하면 1회만 붙여넣기 가능합니다.
※ [애니메이션 복사]명령 두 번 클릭하면 여러 번 붙여넣기 가능합니다.

작업3 ❶ [파일]-[인쇄]명령 선택합니다. "인쇄 범위: 코스안내 구역, 인쇄 방법: 한 부씩 인쇄" 인쇄 옵션 설정 합니다.

작업4 ❶ [슬라이드 목록창] 2번 슬라이드 선택 [홈]-[슬라이드]-[레이아웃] "세로 제목 및 텍스트" 선택 합니다.

작업5 ❶ [슬라이드 목록창] 7번 슬라이드 개체 틀 동영상 삽입 선택합니다. ❷ [비디오 삽입]대화상자에서 경로 지정 후 "샘플동영상.mp4" 선택 합니다. ❸ "동영상 파일" 선택 [비디오 도구]-[재생]-[비디오 옵션]에서 "반복 재생" 선택 합니다. ❹ "동영상 파일" 선택 [마우스 오른쪽 버튼]-[크기 및 위치]명령 선택합니다. ❺ [비디오 형식 지정]-[크기]에서 "가로 세로 비율 고정 선택 후, 높이 조절: 30%" 지정 합니다.

프로젝트 7

작업1 ❶ [슬라이드 목록창] 2번 슬라이드 선택 [홈]–[슬라이드]–[새 슬라이드]–[제목 및 내용]레이아웃 선택합니다. ❷ 삽입된 슬라이드 제목개체 틀에 "마감재 종류" 입력합니다.

작업2 ❶ [슬라이드 목록창] 1, 3번, 4번 슬라이드 선택 [전환]–[슬라이드 화면 전환]–[당기기]지정 합니다.
※ 이산적으로 선택할 때는 "Ctrl" 키를 누른 상태로 선택합니다.

작업3 ❶ [슬라이드 목록창] 2번 슬라이드 글머리 기호 단락 선택 [홈]–[단락]–[SmartArt 그래픽으로 변환]–[기타 SmartArt 그래픽]명령 선택합니다. ❷ [Smart Art 그래픽 선택] "프로세스형: 기본 프로세스형" 선택합니다. ❹ "SmartArt 그래픽" 선택 [SmartArt 도구]–[디자인] "색 변경: 색상형 범위 – 강조색 4 또는 5", "SmartArt 스타일: 미세효과" 지정 합니다.

작업4 ❶ [슬라이드 목록창] 1번 슬라이드 선택 [전환]–[타이밍] "소리: 요술봉" 지정 합니다.

작업5 ❶ [슬라이드 목록창] 2번 슬라이드 선택 [전환]–[슬라이드 화면 전환] "실선 무늬" 지정 합니다.
※ 슬라이드 2번, 3번 사이는 2번 슬라이드를 선택하고 효과를 지정해야 합니다.

프로젝트 1

작업 1 ❶ [삽입]-[텍스트]-[머리글/바닥글]명령 선택합니다. ❷ [머리글/바닥글]대화상자 "바닥글: 한국 HRDM개발원, 제목 슬라이드 표시 안 함" 지정 합니다.

작업 2 ❶ [슬라이드 목록창] 2번 슬라이드 선택합니다. ❷ "확고한 신념" 도형 선택 [그리기 도구]-[서식]-[정렬]-[앞으로 가져오기]-[맨 앞으로 가져오기]명령 선택합니다. ❸ "뜨거운 열정" 도형 선택 [그리기 도구]-[서식]-[정렬]-[앞으로 가져오기]-[앞으로 가져오기]명령 선택합니다.

※ 도형 순서 변경은 선택한 도형에 따라서 작업 순서가 달라질 수 있습니다.

작업 3 ❶ [슬라이드 목록창] 4번 슬라이드 선택합니다. ❷ [홈]-[슬라이드]-[새 슬라이드]-[슬라이드 개요]명령 선택합니다. ❸ [개요 삽입]대화상자에서 경로 지정

후 "훈련준비.docx" 선택 [삽입]명령 선택합니다.

작업 4 ❶ [파일]-[정보]-[모든 속성 표시]선택하고 "회사 속성: 한국HRDM개발원" 입력합니다.

작업 5 ❶ [슬라이드 목록창] 1번 슬라이드 "(주)한국 HRDM개발원" 도형 선택합니다. ❷ [그리기 도구]-[서식]-[도형 스타일]-[도형 효과]-[그림자]-[그림자 옵션]명령 선택합니다. ❸ [도형 서식]대화상자 "그림자" 항목에서 "미리 설정: 바깥쪽 오프셋 오른쪽 아래, 색: 진한 파랑, 투명도: 20%"지정 합니다.

※ 그림자 명칭은 오피스 버전에 따라 다르게 표시됩니다.

프로젝트 2

작업 1 ❶ [슬라이드 목록창] 5번 슬라이드 차트 선택 "범례" 영역 선택 [마우스 오른쪽 버튼-범례 서식]명령 선택합니다. ❷ [범례 서식]작업창 "범례 위치: 위쪽" 지정 합니다.

작업 2 ❶ [슬라이드 목록창] 4번 슬라이드 선택 드래그해서 5번 슬라이드 아래로 이동합니다.

작업 3 ❶ [슬라이드 목록창] 1번 슬라이드 텍스트 선택 [그리기 도구]-[서식]-[WordArt 스타일]-[채우기: 검정, 텍스트 색 1, 그림자]선택 합니다. ❷ [슬라이드 목록창] 1번 슬라이드 텍스트 선택 [그리기 도구]-[서식]-[WordArt 스타일]-[텍스트 효과]-[반사]-[전체 반사: 터치]선택 합니다.

작업 4 ❶ [파일]-[인쇄]명령 선택합니다. ❷ [인쇄]대화상자 "인쇄범위: 2-4, 인쇄방식: 슬라이드 노트, 테두리 포함" 설정 합니다.

작업 5 ❶ [슬라이드 목록창] 3번 슬라이드 선택 [애니메이션]-[고급 애니메이션]-[애니메이션]-[애니메이션 창]명령 선택합니다. ❷ "사용자" 입력된 도형 선택 [애니메이션]작업창 "위로" 선택해서 순서 변경합니다. ❸ "글머리 기호 목록" 단락 선택 [애니메이션]작업창 해당 애니메이션 목록 단추 선택 "제거" 명령 선택합니다.

프로젝트 3

작업1 ❶ [슬라이드 목록창] 3번 슬라이드 표 4행 선택 [표 도구]-[레이아웃]-[행 및 열]-[삭제]-[행 삭제]명령 선택합니다. ❷ [슬라이드 목록창] 3번 슬라이드 표 3열 선택 [표 도구]-[레이아웃]-[행 및 열]-[오른쪽에 삽입]명령 선택합니다. ❸ 삽입된 열의 첫 행에 "비고"을 입력합니다. 삽입된 열의 2행과 3행 범위 설정 [표 도구]-[레이아웃]-[병합]-[셀 병합]명령 선택합니다.

작업2 ❶ [슬라이드 목록창] 4번 슬라이드 "0원~~" 워드 아트 선택 [마우스 오른쪽 버튼]-[대체 텍스트]명령 선택합니다. ❷ [대체 텍스트]작업창 "제목: 메가 슬로건" 내용 입력합니다.

※ "대체 텍스트" 입력 화면은 사용하는 버전에 따라 다르게 표시될 수 있습니다.

작업3 ❶ [슬라이드 목록창] 2번 슬라이드 선택 [검토]-[메모]-[새 메모]명령 선택합니다. ❷ [메모]작업창에 "메가스터디 특징" 메모 내용 입력합니다.

작업4 ❶ [슬라이드 목록창] 1번 슬라이드 선택 "메가스터디 컴퓨터~~" 범위 설정 [삽입]-[링크]-[하이퍼링크]명령 선택합니다. ❷ [하이퍼링크 삽입]대화상자 "연결 대상: 기존 파일/웹 페이지, 주소: http://megastudy -computer.com/" 지정 [확인]선택합니다.

작업5 ❶ [슬라이드 목록창] 4번 슬라이드 2개 Word Atrt선택 [그리기 도구]-[서식]-[정렬]-[맞춤]-[아래쪽 맞춤]명령 선택합니다.

프로젝트 4

작업1 ❶ [슬라이드 목록창] 3번 슬라이드 표 선택 [표 도구]-[디자인]-[표 스타일]-[밝은 스타일 2 - 강조 1] 지정 합니다. ❷ 표 전체 선택 [표 도구]-[레이아웃]-[셀 크기]-[행 높이를 같게]명령 선택합니다. ❸ 표 전체 선택 [표 도구]-[레이아웃]-[맞춤] "세로 가운데, 세로 가운데" 명령 선택합니다.

작업2 ❶ [보기]-[마스터 보기]-[슬라이드 마스터]명령 선택합니다. ❷ [슬라이드 마스터]-[배경]-[배경 스타일]-[배경 서식]명령 선택합니다. ❸ [1번 슬라이드 마스터] "제목 개체" 선택 [배경 서식]작업창 "채우기: 그라데이션, 종류: 선형" 지정 합니다. ❹ [마스터 보기 닫기] 선택합니다.

작업3 ❶ [슬라이드 목록창] 5번 슬라이드 선택 [마우스 오른쪽 버튼]-[슬라이드 삭제]명령 선택합니다.

작업4 ❶ [파일]-[정보]-[모든 속성 표시]명령 선택합니다. ❷ 속성 범주 항목에 "홍보물" 입력 합니다

작업5 ❶ [슬라이드 목록창] 모든 슬라이드 선택 [전환]-[슬라이드 전환 효과]-[나누기]명령 선택하고 "효과 옵션: 세로 안쪽으로" 지정 합니다. ❷ [전환]-[타이밍]그룹 "기간: 2초" 지정 합니다.

작업 과정 해설

프로젝트 5

작업1 ❶ [슬라이드 쇼]-[슬라이드 쇼 시작]-[슬라이드 쇼 재구성]-[쇼 재구성]명령 선택합니다. ❷ [쇼 재구성]-[새로 만들기]명령 선택합니다. ❸ [쇼 재구성 하기]대화상자 "슬라이드 쇼 이름:전시관, 재구성한 쇼에 있는 슬라이드: 1번, 3번, 4번, 5번, 6번" 지정 [확인] 선택합니다. ❹ [슬라이드 쇼]-[설정]-[슬라이드 쇼 설정]명령 선택합니다. ❺ [쇼 설정]대화상자 "보기 형식: 웹 형식으로 전환, 슬라이드 표시: 재구성한 쇼(전시관), 화면 전환: 수동" 지정 합니다.

작업2 ❶ [슬라이드 목록창] 1번 슬라이드 선택 [검토]-[언어 교정]-[맞춤법 검사]명령 선택합니다. ❷ [맞춤법 검사]작업창에서 [모두 변경]선택 합니다.

작업3 ❶ [슬라이드 목록창] 8번 슬라이드 그림 선택 [삽입]-[링크]-[하이퍼링크]명령 선택합니다. ❷ [하이퍼링크 삽입]대화상자 "연결 대상: 현재문서, 슬라이드 제목: 국립중앙박물관" 지정 합니다.

작업4 ❶ [슬라이드 목록창] 3번 슬라이드 이미지 선택 [그림 도구]-[서식]-[그림 스타일]-[그림 효과]-[네온] "18pt 녹색, 강조2" 지정 합니다.

작업5 ❶ [파일]-[옵션]명령 선택합니다. ❷ [PowerPoint 옵션]-[언어교정] "PowerPoint에서 맞춤법 검사 및 문법검사: 입력할 때 자동으로 맞춤법 검사" 지정 합니다.

프로젝트 6

작업1 ❶ [파일]-[내보내기]-[PDF/XPS 만들기]명령 선택합니다. ❷ [PDF/XPS로 게시]대화상자 "파일 이름: 떡복이나라 형식: XPS" 지정 [게시]명령 선택합니다.

작업2 ❶ [슬라이드 목록창] 4번 슬라이드 이미지 선택 [마우스 오른쪽]-[크기 및 위치]명령 선택합니다. ❷ [그림 서식]작업창 "크기" 항목 "가로 세로 비율 고정 선택, 높이 조절: 200%" 입력 합니다. ❸ 그림을 적당한 위치로 이동합니다.

작업3 ❶ [보기]-[마스터]-[슬라이드 노트 마스터]명령 선택합니다. ❷ [슬라이드 노트 마스터]-[배경]-[배경 스타일]-[배경 서식]명령 선택합니다. ❸ 슬라이드 노트 마스터 본문 선택 [배경 서식]작업창 "채우기: 그라데이션 채우기" 선택 합니다. ❹ [마스터 보기 닫기]명령 선택합니다.

작업4 ❶ [슬라이드 목록창] 4번 슬라이드 표 선택 [마우스 오른쪽 버튼]-[복사]명령 선택합니다. ❷ [슬라이드 목록창] 5번 슬라이드 차트 삽입 선택 [차트 삽입]-[세로 막대]-[묶은 세로 막대형]-[확인]선택 합니다. ❸ 차트 자료를 입력하는 엑셀 창 [A1]셀 선택 [마우스 오른쪽]-[붙여넣기]명령 선택합니다. ❹ 차트에 표시될 자료 범위를 조절점(녹색)으로 조정하고 [엑셀]창 종료합니다.

작업5 ❶ [슬라이드 목록창] 3번 슬라이드 첫 번째 문단 범위 설정(하위 수준 포함) [애니메이션]-[애니메이션] "날아오기, 효과옵션: 왼쪽에서" 지정합니다. ❷ [슬라이드 목록창] 3번 슬라이드 두 번째 문단부터 전체 범위 설정 [애니메이션]-[애니메이션] "날아오기, 효과옵션: 왼쪽에서" 지정합니다. [애니메이션]-[타이밍] "시작 방법: 이전 효과와 함께, 지연 시간: 2초" 지정합니다.

프로젝트 7

작업1 ❶ [슬라이드 목록창] 2번 슬라이드 SmartArt 그래픽 선택 [SmartArt 도구]-[디자인]-[Smart 스타일]-[색 변경] "색 채우기 – 강조 2" 지정합니다. ❷ [슬라이드 목록창] 2번 슬라이드 SmartArt 그래픽 선택 [SmartArt 도구]-[디자인]-[Smart 스타일] "3차원: 조감도" 지정합니다.

작업2 ❶ [슬라이드 목록창] 4번 슬라이드 3개 이미지 선택 [그림 도구]-[정렬]-[그룹화]-[그룹]명령 선택합니다.

작업3 ❶ [보기]-[마스터 보기]-[슬라이드 마스터]명령 선택합니다. ❷ 1번 마스터 슬라이드 선택 [슬라이드 마스터]-[테마 편집]-[테마]-[자연]명령 선택합니다. ❸ [마스터 보기 닫기]선택 합니다.

※ 사용하는 오피스 프로그램에 따라 "자연" 테마가 표시되지 않을 수 있습니다.

작업4 ❶ [파일]-[정보]-[문제 확인]-[문제 검사]선택 합니다. ❷ [문서검사]대화상자 "문서 속성 및 개인 정보" 선택 확인 후 [검사]명령 선택합니다. ❸ [문서 검사]대화상자 "문서 속성 및 개인정보 [모두 제거]" 선택합니다. ❹ [문서 검사]-[닫기]명령 선택합니다.

작업5 ❶ [슬라이드 목록창] 5번 슬라이드 선택 [홈]-[슬라이드]-[새 슬라이드]-[슬라이드 다시 사용]명령 선택합니다. ❷ [슬라이드 다시 사용]작업창 "찾아보기"에서 경로 설정 후 "종합정보.pptx" 파일 선택합니다. ❸ [슬라이드 다시 사용]작업창 "종합정보.pptx"의 3번 슬라이드 선택합니다.

MEMO